Walter Frevert · Karl Bergien

Die gerechte Führung des Schweißhundes

6. Auflage

D1668155

Walter Frevert · Karl Bergien

Die gerechte Führung des Schweißhundes

Ausbildung und Einsatz aller
für die Arbeit auf der Wundfährte geeigneten Jagdhunde,
dargestellt am Beispiel des Hannoverschen Schweißhundes

Sechste, neubearbeitete und erweiterte Auflage

Mit 73 Abbildungen, davon 33 farbig

1993

Verlag Paul Parey · Hamburg und Berlin

Die Deutsche Bibliothek – CIP – Einheitsaufnahme

Frevert, Walter:
Die gerechte Führung des Schweisshundes : Ausbildung und
Einsatz aller für die Arbeit auf der Wundfährte geeigneten
Jagdhunde, dargestellt am Beispiel des Hannoverschen
Schweisshundes / Walter Frevert ; Karl Bergien. – 6., neubearb.
und erw. Aufl. – Hamburg ; Berlin : Parey, 1993
    ISBN 3-490-05112-2

NE: Bergien, Karl:

Anschriften: Spitalerstraße 12, 2000 Hamburg 1; Seelbuschring 9–17, 1000 Berlin 42.
Satz und Druck: Westholsteinische Verlagsdruckerei Boyens & Co., Heide in Holstein.
Umschlag: Evelyn Fischer, Hamburg, unter Verwendung eines Fotos von Günter Ludwigs,
Gnarrenburg.

ISBN 3-490-05112-2

VORWORT ZUR 6. AUFLAGE

Die Nachsuche auf verletztes Wild, um dieses vor Qualen oder dem Ludertod zu bewahren, ist eine schwierige, gelegentlich auch gefährliche, aber verpflichtende Aufgabe des Jägers. Hierzu bedarf es sowohl einsatzbereiter Hundeführer als auch leistungsfähiger Jagdhunde.

Das vorliegende Buch beschreibt nun in der 6. Auflage am Beispiel der Führung des Hannoverschen Schweißhundes die Ansprüche an Führer und Hund, das notwendige Verhalten des Jägers und die Schwierigkeiten, die bei der Arbeit auf der Wundfährte zu überwinden sind. Dieses Werk ist Leitfaden und Ratgeber zugleich, für den jungen Jäger ebenso wie infolge der Ergänzungen auch für den erfahrenen Waidmann.

So wird in dieser erweiterten 6. Auflage auch dem Zeitgeist dahingehend Rechnung getragen, daß Karl Bergien u. a. auf Themen wie Einsatz der Telemetrie und die Nachsuche mit dem Hannoverschen Schweißhund auf Rehwild eingeht.

Die Bearbeitung dieses Buches erfolgte aus dem reichen Erfahrungsschatz, den sich Karl Bergien in langen Jahren mit seinen Hannoverschen Schweißhunden, seinem unbestechlichen Blick als Zuchtwart des Vereins Hirschmann und bei vielen von ihm betreuten Lehrgängen im In- und Ausland erworben hat.

Aus der Praxis für die Praxis, für waidgerechtes Jagen und für die korrekte Nachsuche wurde dieses Buch geschrieben. Dem Autor gebührt Dank für die Klarheit der Ausführung, dem Verlag für die sorgfältige und gute Ausstattung auch dieser 6. Auflage.

Diesem Leitfaden ist wiederum eine weite Verbreitung zu wünschen; denn er dient dem verantwortungsvollen Waidwerk mit dem Schweißhund auf der Wundfährte; er dient einer unverzichtbaren Arbeit, die nicht ohne ausreichende Erfahrung, nicht ohne umfangreiches Wissen und nicht ohne gute Hunde zu bewältigen ist.

Osterrönfeld, im Herbst 1992

Dr. Georg Volquardts
Landesforstmeister
Vorsitzender des Vereins Hirschmann

AUS DEN VORWORTEN
ZUR 3. UND 4. AUFLAGE

Drum sage ich, es ist für den Herrn als auch für den Jäger sehr nützlich und wäre die größte Billigkeit, daß ein jeder, so zu pürschen hat, einen guten Schweißhund halten müsse. Aber wie geht es an manchen Orten zu? Da gehen sie aus, schießen sie einen Hirsch, Thier oder ein anderes Wildpret an, verwunden es und stürzt nicht bald, so zieht der Jäger dorthin, keinen guten Hund hat er nicht, selbst riechen kann er es auch nicht, macht sich denn auch nicht viel Mühe und sucht sich lieber bald ein anderes. Ist das nun nicht schade, daß es die Maden oder Raubtiere fressen müssen? Hielte man aber einen guten Hund, so geschähe dergleichen nicht.

(Döbel, Jägerpractica, 1746)

Walter Frevert, letzter Oberforstmeister der Rominter Heide, ist durch seine jagdschriftstellerische Tätigkeit in weiten Jägerkreisen bekannt geworden. Mit seiner ganzen Persönlichkeit warb er um Verständnis für die freilebende Tierwelt, für waidgerechtes Jagen und Pflege des überlieferten jagdlichen Brauchtums. Er hat sich um die Erhaltung alten jagdlichen Kulturgutes verdient gemacht.

Sein Interesse und seine Liebe galten jedoch ganz besonders dem Schweißhund. Für Frevert war die Nachsuche auf einen krankgeschossenen Hirsch mit dem edlen roten Hund die Krone des Waidwerks. Erfahrung, Können, Passion sowie praktisches und theoretisches Wissen waren Grundlagen seines jahrelangen und erfolgreichen Wirkens an der Spitze des Internationalen Schweißhundverbandes, bis er durch einen Jagdunfall aus seinem erfüllten Jägerleben schied.

Aus der Erkenntnis, daß waidgerechtes Jagen ohne einen auf der Wundfährte gerecht abgeführten Hund nicht möglich ist und daß der Jägernachwuchs eines Leitfadens für die Führung des Schweißhundes bedurfte, gab er seine Schrift „Die gerechte Führung des Hannoverschen Schweißhundes" heraus. Sie hat auch dem Führer des Bayerischen Gebirgsschweißhundes, des Gebrauchshundes und des Teckels manche wertvolle Anregung für Ausbildung und Einsatz seines Hundes auf der Wundfährte gegeben.

Durch die Hand eines Schweißhundführers wird im Verlauf seines Jägerlebens nur eine geringe Zahl von Hunden gehen. Mehr als fünf bis sechs werden es kaum sein – im Gegensatz zu den Abrichtern des Gebrauchshundes, die in einem einzigen Jahr mehrere Hunde prüfungsfertig herausbringen können. Gelegenheit und Möglichkeit, praktische Erfahrung zu sammeln, sind somit für den Schweißhundführer erheblich geringer. Er ist vermehrt auf Überlieferung und Erfahrungsaustausch angewiesen! So besteht ein wirkliches Bedürfnis, ihm einen aus der Praxis gewachsenen Leitfaden in die Hand zu geben, der ihn bei der Abführung seines wertvollen Schweißhundes vor Rückschlägen und Mißerfolgen bewahren soll.

Freverts „Gerechte Führung des Hannoverschen Schweißhundes" ist seit einigen Jahren vergriffen. Ich habe mich daher und auf wiederholte Anregungen von jungen und alten „Hirschmännern" bereit erklärt, die Schrift zu überarbeiten. Hierbei sind in den Ausführungen über die Entwicklungsgeschichte die Untersuchungen von Dr. W.-E. Barth, niedergelegt in seiner Dissertation „Der Hannoversche Schweißhund als Beispiel der Entwicklung eines deutschen Jagdhundes", weitgehend berücksichtigt worden. Die in die dritte Auflage neu aufgenommenen Photographien stellten freundlicherweise Horst Backenköhler und Helmut Fiedler zur Verfügung.

Der Schweißhundführer nimmt unter den Hochwildjägern eine Sonderstellung ein. Als Helfer in der Not wird er von ihnen vertrauensvoll gerufen. Die Jägerei erwartet von ihm nicht allein überdurchschnittliches handwerkliches Können bei seiner Arbeit auf der Wundfährte, sondern setzt Kenntnisse voraus, durch die er auch noch heute durchaus mit dem Prädikat „hirschgerecht" bezeichnet werden kann. Daher sind die Abschnitte über hirschgerechte Zeichen, gerechte Bräuche, Altersbestimmung des Wildes usw. wiederum in die Neuausgabe übernommen worden. Dagegen sind besonders bei der Abhandlung über die Einarbeitung und Führung des jungen Hundes, gestützt auf neuere jagdkynologische Erkenntnisse, erhebliche Abweichungen zu den bisherigen Ausführungen notwendig geworden. Hierbei habe ich versucht, Erfahrungen auszuwerten, die ich mit meinen Hunden bei etwa 600 erfolgreichen Nachsuchen auf krankes Hochwild gemacht habe. Auch ist der Versuch unternommen, die Arbeitsmöglichkeiten des Hannoverschen Schweißhundes *vor* dem Schuß mehr herauszuarbeiten, um zu zeigen, daß der Spezialist auf der Wundfährte für den Hochwildjäger nicht allein *nach* dem Schuß ein unentbehrlicher Helfer ist, sondern daß er ihm auch im täglichen Jagdbetrieb wertvolle Hilfe leisten kann. Dies trifft insbesondere für Berufsjäger und Forstmänner zu.

Die 4. Auflage weist gegenüber der in unerwartet kurzer Zeit vergriffenen, vollständig neubearbeiteten 3. Auflage inhaltlich nur wenige Änderungen auf; dennoch hat sie eine wesentliche Erweiterung und Bereicherung erfahren. Es ist der erstmalige Versuch unternommen, die aussagekräftigsten und damit für alle Jäger so wichtigen Pürschzeichen – Schnitthaare und Schnittborsten – in einer Farbtafel darzustellen und gesondert zu erläutern.

Seit einigen Jahren ist in der Nachsuchenpraxis ein kontinuierlich fortschreitender Wandel festzustellen. War bisher das Rotwild die Wildart, die vom Schweißhund am häufigsten nachgesucht wurde, so ist es jetzt das Schwarzwild, und zwar mit einem Anteil an der Gesamtnachsuchenstrecke von zur Zeit 60 %. Durch stärkere Beachtung der Schwarzwild-Nachsuche wird in der Neuauflage diesem Wandel ebenfalls Rechnung getragen.

Lauenberg, Frühjahr 1974 und 1979　　　　　　　　　　　Karl Bergien

INHALT

Entwicklungsgeschichte 11

Der gerechte Schweißhundführer 19

Ausrüstung 21

Fährtenkunde und hirschgerechte Zeichen 29

Altersfeststellung des erlegten Rot- und Schwarzwildes 37

Bruchzeichen und andere überlieferte Bräuche 40

Pürschzeichen 44

Das Zeichnen im Schuß und das Verhalten des beschossenen Wildes
nach dem Schuß 48

Eingriffe und Ausrisse 55

Schnitthaar 56

Schweiß 60

Knochensplitter, Mark, Wildpretstücke u. a. 66

Der Hannoversche Schweißhund 69

Aufgaben, Anforderungen und Rassemerkmale 69

Zucht 73

Aufzucht und Haltung 76

Erziehung und Abführung 86

Führung auf der Wundfährte und Hetze 107

Die Rehwildnachsuche 132

Bestätigen und Lancieren 134

Schlußwort 137

ENTWICKLUNGSGESCHICHTE

Stammvater des Hannoverschen Schweißhundes ist, wie wohl fast aller west- und mitteleuropäischen Jagdhundrassen der Gegenwart, die seit der Zeitenwende im gleichen Raum zur Jagd verwendete Kelten-Bracke.

Die Kelten – ein Jägervolk – zogen aus dem gallischen Raum, wo sie seit dem 7. Jahrhundert v. Chr. nachgewiesen sind, nach Spanien und Britannien, von dort nach Italien und Deutschland, weiterhin in den Donauraum – Donaukelten – sowie in die Balkanländer bis nach Südrußland und Kleinasien. So spricht es schon rein geographisch dafür, daß die Jagdhunde dieses Jägervolkes einen bestimmenden Einfluß auf die Rassenentwicklung der Jagdhunde des gesamten mitteleuropäischen Raumes ausübten. Die Kelten waren nicht allein große Jäger, sondern auch ebenso große Hundefreunde. Der griechische Schriftsteller Arrian (95–180 n. Chr.) hat uns eine eingehende Schilderung über die Jagd bei den Donaukelten, insbesondere über ihre Jagdhunde, hinterlassen.

Nach Arrian benutzten die Kelten zum Aufspüren des Wildes den Segusierhund, zum Hetzen des aufgespürten Wildes wurden dagegen Hunde aus der Rassengruppe der Windhunde genommen. Demnach hatte der alte Segusierhund bereits bei den Donaukelten eine ganz ähnlich spezialisierte Aufgabe wie späterhin der Leithund bei den Parforcejagden des Mittelalters. Zur Erfüllung dieser Aufgabe mußte der Segusier sehr feinnasig sein. Auch Arrian ist die feine Nase dieses Hundes aufgefallen, die ihn befähigte, selbst übernächtige Fährten zu arbeiten. In einer detaillierten Schilderung bezeichnet er den Segusier als häßlich und struppig mit einer langen aufgeschlitzten Nase – ein Merkmal, das späterhin auch für den Leithund galt –, sein Gesichtsausdruck sei dem eines Straßenbettlers ähnlich.

Sicherlich ist diese Beobachtung auf die Gesichtsfalten zurückzuführen, die auch für den heutigen Hannoverschen Schweißhund typisch sind. Besonders auffallend sind sie bei Hunden des schweren kräftigen Schlages, der „Leithundform". Sie verleihen ihm den charakteristischen ernsten Gesichtsausdruck. Betrachten wir die Bilder 1 bis 7, so ist die Ähnlichkeit zwischen den Leithunden des 14. bis 18. Jahrhunderts, den heutigen Hannoverschen Schweißhunden und selbst den Bracken um 50 bis 100 n. Chr. – vermutlich einer kurzhaarigen Form des Segusiers – ganz auffallend.

In der weiteren Rassenentwicklung der Jagdhunde spielte der Segusier eine entscheidende Rolle. Der Name „Segusier" wurde im Laufe der Jahrhunderte sogar zur Sammelbezeichnung für alle feinnasigen, auf der Fährte jagenden Hunde. Sein lateinischer Name „canis segusius" ist noch heute in „Segugio", dem Namen für den italienischen Laufhund, enthalten. Später setzte sich im deutschen Sprachraum die Bezeichnung „Bracke" durch. Der Ursprung dieses Wortes ist vermutlich auf „Barachio" = kleiner Bär zurückzuführen. Für die Vorsuche – die spätere Leithundarbeit – vor der Hetzjagd wurden die feinnasigsten, bedächtigsten und ruhigsten, die auch meist die kräftigsten Hunde waren, ausgesucht. Mit Hunden, die sich bei dieser Vorsuche bewährten, wurde weitergezüchtet. So zeichnet sich allmählich infolge einer über Jahrhunderte durch Selektion betriebenen Linienzucht eine dem Leithund ähnelnde Form ab.

Die Darstellungen entstammen einem Mosaik mit Jagdszenen aus Aventicum, der Hauptstadt des römischen Helvetiens (um 50–100 n. Chr.). Nach Studer, 1886. Diese Hunde dokumentieren, daß zu der Zeit in diesem Gebiet die Form der im Mittelalter immer wieder dargestellten Bracken schon existiert hat. Vermutlich handelt es sich hier um eine kurzhaarig dargestellte Form des Segusiers. (Aus Dr. Barth „Der Hannoversche Schweißhund", Schriftenreihe Landesjagdverband Hamburg, Heft 2)

Zur Zeit Karls des Großen (800 n. Chr.) nahm das Jagdhundwesen einen beachtlichen Aufschwung. Vermutlich ist dieser Zeitpunkt als der Beginn der Entwicklung einer selbständigen Leithundrasse anzusehen. Äußerlich unterschied sich die durch Auslese gezüchtete Leithundform von den übrigen Brakken durch den kräftigeren Körperbau und den stärkeren, stumpfen Fang. Auf eine breite Nase wurde großer Wert gelegt. Hetz- und Lautfreudigkeit waren unerwünscht und wurden durch Selektion verdrängt. Die Wesensart war ruhig und bedächtig, somit waren die Voraussetzungen für die Konzentrationsfähigkeit bei schwierigen Fährtenarbeiten gegeben. So etwa beschrieb der Dominikaner Albertus Magnus um 1250 die „Rassekennzeichen" des Leithundes.

Sicherlich sind häufig auch andere Brackenarten eingekreuzt worden. Hierauf beruht die Variationsbreite im Phänotyp, die besonders in der Körperstärke und in der Farbe festzustellen ist. Nach Döbel (1746) war die Farbe der Leithunde Grau, Schwarz und Rot. Bilder aus dem Jagdbuch des Grafen Phoebus (um 1400) und Ridinger-Stiche des 18. Jahrhunderts zeigen, daß es auch weißgefleckte, ja sogar weiße Leithunde gegeben haben muß. Die schwarze Farbe ist sicher ein Erbe der berühmten schwarzen Leithunde der Abtei St. Hubertus in den Ardennen. Die Benediktiner dieser Abtei stellten über viele Jahrhunderte die Elitehunde für den französischen Königshof. Die leistungsstarken Hubertushunde wurden Stammväter vieler europäischer Leithunde wie auch des englischen „Bloodhound". Die schwarze Stromung und die schwarze Maske der heutigen Hannoverschen Schweißhunde sind gewiß ebenfalls ein Erbgut der alten Hubertushunde. Die helle-weißgraue Farbe ist seit langem bewußt aus dem Hannoveraner herausgezüchtet worden. Gelegentlich treten noch heute weiße Brustflecken auf. Auch die weiße Farbe steckt im Erbgut des Hannoverschen Schweißhundes genau wie die rote und schwarze; sie wird daher, wenn sie nur in kleinen weißen Brustflecken auftritt, toleriert.

Ebenfalls von der Zeit Karls des Großen an zeichnet sich ein kontinuierlicher Aufbau der Führungsmethoden des Leithundes ab. Die Führer des Leithundes zählten am Hof Karls des Großen zu den wichtigsten Jägern. Von ihrem Können hing meist der Erfolg der Jagd ab. Im Nibelungenlied ist dieser Jäger der ,,Suochmann". Die Arbeit des Suchens wird ,,Besuch" genannt; ,,auf dem Besuch" heißt demnach ,,während des Suchens". Die Bezeichnung ,,Besuchsknecht" oder ,,Besuchsjäger" taucht erst im späten Mittelalter auf. Diese Besuchsjäger erhielten eine intensive Spezialausbildung. Nach Fleming (1719) und Döbel (1746) dauerte die Lehrzeit der Besuchsjäger drei Jahre oder ,,Behänge", ein Ausdruck, der der Leithundarbeit entnommen ist. ,,Behänge" ist wiederum von ,,Nachhängen" abzuleiten. Der Leithund wurde am Hängeseil gearbeitet, das zur Ausrüstung des Besuchsknechtes gehörte. Wir sagen heute auch: ,,Der Schweißhund steht im 1., 2. usw. Behang."

Die Behängezeit ist die Zeit, in welcher der Leithund abgeführt wurde. Es ist die Zeit nach dem Verfärben des Rotwildes, wenn nicht mehr infolge des Haarwechsels ausgefallenes Haar an Sträuchern und Büschen hängt, das den Leithund zum Hochnehmen der Nase verleiten könnte. Während der Brunft wurde in seltenen Fällen und dann nur mit alten erfahrenen Hunden gearbeitet. Der Leithund wurde auf Rotwild, insbesondere auf Hirsche, weniger auf Dam- und Schwarzwild, sogar auf Wolf und Bär, ja im Hochgebirge selbst auf Gams und Steinwild geführt (Abb. S. 15). Fährten bzw. Spuren dieser Wildarten mußte er verweisen und geeigneten Fährten auf Zuspruch nachhängen.

Erwähnenswert ist, daß der Leithund auf Rehwild in der Regel nicht geführt wurde; nur in seltenen Fällen arbeitete man mit erfahrenen Hunden an Rehwild – wie es auch heute erfahrene Führer mit älteren Schweißhunden tun. Bereits

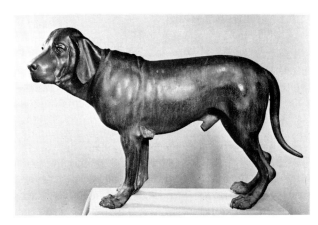

Bronzestatue
eines Leithundes
(Anfang des
16. Jahrhunderts),
Photo: Schloßmuseum
Berlin

damals wurde bei der Einarbeitung streng darauf geachtet, daß die Nase des Hundes nicht durch zu warme und leichte Fährten verwöhnt wurde. Diese Gefahr bestand bei der Lancierarbeit. Spezielle Lancierhunde wurden deshalb eingesetzt, die in Tätigkeit traten, wenn der Leithund den Hirsch in seinem Einstand gesprengt hatte.

Vom Besuchsknecht verlangte man neben der Einarbeitung des Leithundes auch in der Fährtenkunde und Beherrschung der hirschgerechten Zeichen sehr viel. Nach der Lehrzeit erfolgte unter genau vorgeschriebenen Zeremonien die Freisprechung des Besuchsknechtes. Er erhielt Hirschfänger und Hornfessel, ein besonderes Ehrenzeichen des ,,hirschgerechten" Jägers. Viel jagdliches Brauchtum und viele Fachausdrücke entstammen dieser Zeit.

Es ist verständlich, daß diese zu Spezialisten ausgebildeten Jäger mit ihren nur für eine besondere Aufgabe abgeführten Leithunden Spitzenleistungen aufzeigen konnten. Durch züchterische Maßnahmen, verfeinerte Führungstechnik und eine hervorragende, ins Detail gehende Ausbildung der Leithundführer wurde der Leithund zum wertvollsten Jagdhund der damaligen Zeit. An den Jäger- und Fürstenhöfen genossen die Besuchsjäger hohes Ansehen, da es von ihnen und ihrer Leithunde Leistungen abhing, ob die großzügig angelegte Parforcejagd, deren Vorbereitung den Besuchsjägern häufig auch unterlag, erfolgreich verlief. Mit ihren Leithunden reisten sie von Fürstenhof zu Fürstenhof, um die Jagden vorzubereiten und das zu bejagende Wild, meist Hirsche, zu bestätigen. Hatte der Leithundführer der gerechten Fährte bis zu einer Deckung nachgehangen, in der man den Einstand des zu bejagenden Hirsches vermutete, so wurde der Hund abgetragen und durch Vorhinsuche mit ihm die Deckung umschlagen. Wurde dann festgestellt, daß der Hirsch hier seinen Tageseinstand genommen hatte, eilt der Besuchsknecht zu der an einem bestimmten Treffpunkt wartenden Jagdgesellschaft. Dabei war es üblich, als hirschgerechtes Zeichen Losung des bestätigten Hirsches im Hifthorn mitzubringen und dem Jagdherrn vorzulegen. Aus Fährte, Losung, Schritt und Schrank sprach der Besuchsknecht die Stärke des Hirsches an. Bestimmte nun der Jagdherr, daß auf das bestätigte Wild gejagt werden sollte, so war die Tätigkeit des Besuchsknechtes beendet. Er mußte sich jedoch mit seinem Leithund zur Verfügung halten, um die Fährte wieder aufzunehmen, falls die Hetzhunde sich verschossen und die Fährte verloren.

Nicht allein von den Besuchsjägern wurden Leithunde geführt, auch Fürsten, Prinzen und Grafen arbeiteten mit diesem edlen Hund. Nur wer den Leithund führen konnte, galt als ,,hirschgerecht", galt als wirklicher Jäger.

Mit Beginn der Verwendung von Schußwaffen erfolgte auch eine allmähliche Umstellung der Jagdmethoden. Die aufwendigen Parforcejagden wurden mehr und mehr durch die Schießjagd ersetzt. Gleichlaufend mit der jagdlichen Entwicklung wurde die jagdliche Verwendung der Leithunde eingeschränkt. Die ursprüngliche Aufgabe, mit den Leithunden die Jagd vorzubereiten, verlor an Bedeutung. Nunmehr wurde in immer stärkerem Umfang der Hund nach dem Schuß gebraucht. Der Leithund mit seiner hervorragenden Nase und mit seiner

Leithunde bei der Stein-
bock- und Gamsjagd
(Aus „Le Livre de la
chasse" de Gaston
Phébus um 1400)

Leithund (Ausschnitt
aus einem Ridinger-
Stich 18. Jahrhundert)

ruhigen bedächtigen Wesensart wäre ohne weiteres in der Lage gewesen, diese neue Aufgabe zu übernehmen, wenn nicht über viele Jahrhunderte hinweg systematisch seine Hetz- und Lautfreudigkeit unterdrückt und herausgezüchtet worden wäre. Bei der schlechten Treffsicherheit der anfangs zur Jagd verwendeten Schußwaffen und der mangelhaften Geschoßwirkung mußten sicherlich die meisten angeschweißten Stücke erst zu Stande gehetzt werden, und da versagte der gut abgeführte Leithund recht häufig!

Dies mag der Grund sein, weshalb zu Beginn der Schießjagd fast ausschließlich lautjagende Bracken auf Schweiß abgeführt wurden, die als Ahn allerdings, wie der Leithund auch, den Segusier der Kelten hatten. Später wurden besonders gern Leithunde für die Abrichtung auf Schweiß ausgewählt. Vielfach nahm man hierzu „verdorbene Leithunde", verdorben, weil sie als Leithunde zu oft auf warmer Fährte gearbeitet hatten oder auch weil sie den stärkeren Reiz der Wundfährte kennengelernt und damit die Arbeitsfreude auf der weniger reizvollen Gesundfährte verloren hatten. Im Laufe der Zeit fanden Leithunde immer stärker Verwendung als Schweißhunde. Fest steht: der Leithund ist nur in seiner jagdlichen Verwendung verdrängt worden, als Rasse hat er zu den sich neu entwickelnden Schweißhunden den weitaus größten Anteil beigetragen. Häufig wurden in dieser Zeit andere Rassen eingekreuzt. Eine wesentliche Bedeutung hatten diese Einkreuzungen aber letztlich nicht. Dominierend war die reine Zucht der von den Leithunden abstammenden Schweißhunde.

Durch die historische Entwicklung, besonders bedingt durch die damit verbundene Verlagerung des Jagdrechtes, trat um die Jahrhundertwende zum und während der ersten Hälfte des 19. Jahrhunderts ein allgemeiner Rückgang des gesamten Jagdwesens ein. In dieser Zeit des Niederganges und des Verfalls jagdlicher Sitten und Gebräuche nahm die Entwicklung im Königreich Hannover einen ganz anderen Verlauf. Während in fast allen deutschen und auch anderen Nachbarländern die Jägerhöfe aufgelöst, zumindest in ihrer Tätigkeit stark eingeschränkt wurden, erlebte der Jägerhof in Hannover seine Blütezeit.

Im Jahre 1772 erfolgte die Vereinigung des bereits 1657 urkundlich erwähnten „Jägerhof zu Hannover auf dem Stapel" mit dem 1677 gegründeten Jägerhof in Celle zum „Hannoverschen Jägerhof" in Hannover. Dieser wurde durch seine straffe Organisation und seine Pflege jagdlichen Brauchtums weithin als Lehr- und Pflegestätte deutschen Waidwerks bekannt. In dieser Zeit, wo andernorts gerade das Jagdhundwesen stärkste Einbuße erlitt und kaum noch gefördert wurde, erwarb sich der Hannoversche Jägerhof um die Haltung und Zucht der Leit- und Schweißhunde größte Verdienste. Das Königreich Hannover wurde zum Refugialgebiet dieser Rasse.

Eine besonders starke Förderung der Schweißhundhaltung erfolgte nach Ernennung des jüngeren Knop zum Oberwildmeister. Unterstützt durch eine hervorragend geschulte Jägerei wurden übernommene, altbewährte Einarbeitungsmethoden weiterentwickelt. Wesentlich hierbei war die traditionelle Leithundarbeit: Die Arbeit auf kalter Gesundfährte wurde in Hannover zum Grundsatz der Einarbeitung des Schweißhundes. Sie ist immer noch ein wesentlicher Bestandteil der Einarbeitungsmethodik des heutigen Hannoverschen Schweißhundes.

Selbst das turbulente Jahr 1848 ging am Hannoverschen Jägerhof und an seiner Jägerei fast spurlos vorüber. Als 1866 Hannover an Preußen fiel, wurde zwar der Jägerhof aufgelöst, aber auch die neue hannoversche Forst- und Jagdverwaltung war bemüht, die Schweißhundzucht und -führung zu erhalten und zu fördern, zumal der größte Teil der Jägerei des Hannoverschen Jägerhofes als Forstbeamte in den preußischen Dienst übernommen wurde.

Bald wurde auch das Verbreitungsgebiet des Schweißhundes wieder größer. Für die Hochgebirgsjagd erwies sich der Hannoversche Schweißhund als zu schwer. Daher wurde aus den alten Wildbodenhunden des Hochgebirges – insbesondere der Tirolerbracke – und dem Schweißhund eine für das Hochgebirge leichtere Gebrauchsform gezüchtet, die offiziell den Namen „Bayerischer Gebirgsschweißhund" erhielt. Bis dahin verstand man unter Schweißhund allgemein den aus dem Hannoverschen stammenden Schweißhund, der nun zum Unterschied zu dem leichteren „Bayerischen Gebirgsschweißhund" auf einer

Hannoverscher
Schweißhund,
leichter Typ

Hannoverscher
Schweißhund,
schwerer Typ

Bayerischer Gebirgs-
Schweißhund. Photo.
Aus Tasch-Wickhoff,
Der Schweißhundführer

Delegiertenversammlung des „Vereins zur Veredelung der Hunderassen in Deutschland" 1885 offiziell den Namen „Hannoverscher Schweißhund" bekam.

Neben dem bereits erwähnten „Verein zur Veredelung der Hunderassen in Deutschland" nahm sich besonders der Verein „Nimrod" in Schlesien des Schweißhundes an. Letzterer führte bereits Prüfungen durch und kann als Vorläufer für den „Verein Hirschmann" gelten, der auf die Initiative einiger, insbesondere Harzer Jäger am 17. Juni 1894 in Erfurt gegründet wurde. Aufgabe des „Verein Hirschmann": Reinzucht des alten Hannoverschen Schweißhundes, Ausbildung gerechter Schweißhundführer und Pflege jagdlichen Brauchtums. In Leipzig schlossen sich 1930 der „Club für Bayerische Gebirgsschweißhunde", der „Österreichische Schweißhundverein", der „Ungarische Schweißhundverein" und der „Verein Hirschmann" zum Internationalen Schweißhundverband zusammen. Dieser hatte sich zum Ziel gesetzt, Hochzucht und jagdliche Führung beider Schweißhundrassen zu fördern. Heute gehört außer den genannten Vereinen noch der „Schweizer Schweißhund Club" dem Verband an, und als korrespondierendes Mitglied wurde 1983 der Italienische Schweißhund Club (Club Amatori Cani da Traccia) aufgenommen.

Trotz stärkster Einbuße, die die Zucht des Hannoverschen Schweißhundes durch die beiden Kriege erlitt, und trotz eines naturgemäß hohen Inzuchtgrades steht der Hannoversche Schweißhund zur Zeit auf einem anerkannt hohen Leistungsniveau. So erfreut er sich einer ständig zunehmenden Beliebtheit, auch in Ländern, deren Zuchtvereine sich bisher nicht dem Internationalen Schweißhundverband angeschlossen haben. In Frankreich ist 1984 auf die Initiative vor allem elsässischer Jäger und Freunde des Schweißhundes der Französische Schweißhund Club (Club Francais du Chien de Rouge de Hanovre et de Baviere) ins Leben gerufen worden, und belgische Schweißhundfreunde gründeten 1985 den Verband belgischer Schweißhundführer (Association Belge pour l'Utilisation de Chiens de Sang); in der CSSR haben in Böhmen und Mähren der Hannoversche und in der Slowakei der Bayerische Schweißhund viele Anhänger und Freunde. Weiterhin stehen Hannoversche Schweißhunde in den Niederlanden, in Polen und in Jugoslawien. Selbstverständlich auch in der DDR, wo er, wie in der Bundesrepublik, von passionierten Jägern nach überlieferten Grundsätzen geführt und weitergezüchtet wird.

Es kann wohl gesagt werden: der Hannoversche Schweißhund hat heute auf Grund seiner hohen Leistungsfähigkeit ein Verbreitungsgebiet gefunden, wie er es noch zu keiner Zeit besaß.

Nach der Vereinigung beider deutscher Staaten haben sich 1990 die Schweißhundführer der ehemaligen DDR dem Verein Hirschmann angeschlossen, was nicht zuletzt auch eine erfreuliche Erweiterung der Zuchtbasis des Hannoverschen Schweißhundes bedeutet.

Alle Leser, die sich mit der geschichtlichen Entwicklung des Hannoverschen Schweißhundes näher befassen wollen, seien auf die Broschüre von Dr. W.-E. Barth „Der Hannoversche Schweißhund" – Schriftenreihe des Landesjagdverbandes Freie und Hansestadt Hamburg – hingewiesen.

DER GERECHTE SCHWEISSHUNDFÜHRER

Zum Schweißhundführen gehört Passion und nochmals Passion! Wer nicht bereit ist, seine ganze Körperkraft, ja, seine Gesundheit einzusetzen, wer nicht aus Liebe zur Sache bereit ist, sich den Schlaf um die Ohren zu schlagen, der lasse die Finger vom langen Riemen. Wer aber gepackt wird von der Leidenschaft, die in dem Nachhängen am kranken Stück liegt, wer, seiner Körperkräfte und seiner Gesundheit nicht achtend, am Steilhang bergauf, bergab dem unermüdlichen Hund folgt, weil er die Nachsuche als Pflicht ansieht und begeistert ist von der Leistung dieses herrlichen Tieres, wen alte Urinstinkte der Jagdleidenschaft hinreißen, wenn er sich mit der kurzen Nachsuchenbüchse an den in der Dickung gestellten Hirsch heranarbeitet, wer vom Standlaut des getreuen „Hirschmann" ergriffen wird – der folge mir bei der Führung dieses edlen Hundes!

Gute Gesundheit und kräftige Körperkonstitution sind Voraussetzungen zum Schweißhundführen. Im allgemeinen werden ja Menschen, die Hochwildjäger sind, nicht gerade gebrechlich sein; immerhin paßt nur der zum Schweißhundführer, der sich etwas zumuten kann und, was noch wichtiger ist, der auch bereit ist, das zu tun.

Man hört heute so oft den Einwurf: „Ich würde ja gern einen Schweißhund führen, aber ich habe keine Zeit dazu." Gerade von Forstbeamten vernimmt man diese Ablehnung oft. Gewiß, die heutigen Forstbeamten haben erheblich mehr Schreibarbeiten als früher und sonstigen Dienst, der ihnen außerordentlich viel Zeit nimmt. Und dennoch wäre es auch heute noch so manchem Forstbeamten möglich, einen Schweißhund abzuführen, wenn die wirkliche Begeisterung und Passion, die alles überwinden, vorhanden wären.

Aber die Passion der Schweißhundführer muß gezügelt sein. Sie darf ihn auf keinen Fall zu unüberlegten Handlungen hinreißen, weder gegenüber hilfesuchenden Jägern, schon gar nicht gegenüber dem manchmal recht sensiblen „Hirschmann". So sollten Geduld, viel Geduld und Selbstbeherrschung weitere charakterliche Merkmale eines Hundeführers sein. Eigenschaften, die ihn befähigen, Rückschläge und Mißerfolge, die mit Sicherheit jedem Schweißhundführer widerfahren, zu ertragen und zu überwinden. Und besitzt er dazu noch ein Fingerspitzengefühl für die passende, das heißt der Psyche und Individualität seines roten Hundes entsprechende Dosierung von Maßnahmen und Mitteln bei Abrichtung und Führung, dann sind weitere Voraussetzungen für den erfolgreichen Schweißhundführer gegeben.

Aber auch der Umgang mit anderen Jägern, vor allem der Jäger, die der Unterstützung des Schweißhundführers bedürfen, erfordert Fingerspitzengefühl, häufig sehr viel Selbstbeherrschung und Takt. Der Hundeführer muß wissen, daß bei einer großen Anzahl von Nachsuchen die ihm bevorstehende Arbeit durch unsachgemäßes Verhalten des Schützen erschwert sein wird: da ist bereits der Anschuß zertreten und zertrampelt, es ist zu früh angesucht oder mit ungeeigneten Hunden begonnen worden usw., usw.! Leichtfertigkeit, Nachlässigkeit, Neugier, ungezügelte Passion, erstaunlich geringe Sach- und Fachkenntnisse sind menschliche Schwächen, die auch Jägern eigen sind. Der Schweißhundführer tut gut, wenn er seine Arbeit mit dem Wissen beginnt, daß er und sein Hund einen großen Teil dieser Fehler wieder ausbügeln müssen! Gelingt das einmal nicht, dann muß er sogar damit rechnen, daß der Jäger zur eigenen Entlastung und zur Erleichterung seines jagdlichen Gewissens allzugern ihm und seinem Hunde die Schuld an der Fehlsuche beimißt. Und dennoch ist es in einer solchen Lage grundfalsch, an Ort und Stelle, vielleicht sogar noch lautstark und in Gegenwart anderer, dem unglückseligen Schützen Vorhaltungen zu machen!

Es ist nicht Aufgabe des Schweißhundführers, als Jagdpapst aufzutreten. Taktlos und eines Schweißhundführers unwürdig ist es, an einem falsch geschossenen Stück Kritik zu üben oder die jagdlichen Qualitäten derjenigen zu kritisieren, von denen man zu Hilfe gerufen worden ist. Kein Schweißhundführer, der allzu voreilig mit seinem Urteil ist, darf sich wundern, wenn er nicht mehr zu Nachsuchen gerufen wird. Des Schweißhundführers vornehmste Pflicht sei allein, das kranke Wild so schnell wie möglich zur Strecke zu bringen! Es sollte ihm, jedenfalls nach außen hin, stets gleichgültig sein, ob der betreffende Abschuß falsch oder richtig getätigt ist. Der Schweißhundführer muß jedem Jäger die Gewähr bieten, ihm vollstes Vertrauen schenken zu können.

Meist ist nicht schlechter Wille Grund für die begangenen Fehler. Häufig mangelt es an den elementaren Kenntnissen über das Verhalten vor und nach dem Schuß. Und die Bedeutung der Schuß- und Pürschzeichen ist oft unbekannt. Hier bietet sich dem Schweißhundführer eine notwendige und meines Erachtens auch wichtige Aufgabe an. Resignierend sich zurückziehen, zwecklos zu kritisieren und zu schimpfen auf die mitunter unglaublich mangelhaften jagdlichen Kenntnisse, dient der Sache nicht. Ebenfalls können Überheblichkeit, schöne Worte von Überlieferung und Tradition, Rassenfanatismus – auch andere Jagdhundrassen können bei gerechter Führung hervorragende Leistungen auf der Wundfährte zeigen, und die Nachsuche auf Niederwild gehört genauso zum waidgerechten Jagen wie die Nachsuche auf Hochwild! – keinesfalls die Jägerei überzeugen. Nur Leistung und Beherrschung der Materie! Die Masse der Jagenden sieht auch heute noch im Schweißhundführer einen Jäger mit besonderen Qualitäten und Fähigkeiten – den hirschgerechten Jäger. Und wenn wir Schweißhundführer für uns in Anspruch nehmen wollen, als hirschgerechte Jäger zu gelten, dann sollten wir uns auch verpflichtet fühlen, aus unserer Abgeschlossenheit herauszugehen, Kontakt mit der Jägerei aufzunehmen und anständiges, waidgerechtes Jagen vor allem auch unserem Jägernachwuchs zu übermitteln. Hegeringe und Kreisgruppen der Jägerschaft, besonders in Hochwildgebieten, werden immer gern Anregungen der Schweißhundführer aufgreifen, um ihre Mitglieder über Wesen und Art gerechter Schweißhundführung aufzuklären. Sicherlich wird durch diese Maßnahme auch die Gefahr der sich häufenden Abschüsse von Schweißhunden während und nach langen Hetzen in fremden Revieren erheblich herabgemindert. Eine dankbare Aufgabe, gerade auch für ältere erfahrene Schweißhundführer, die heute notwendiger ist als je zuvor.

Doch alle guten Voraussetzungen und die eben geschilderten idealen Eigenschaften sind noch nicht ausreichend! Auch der Schweißhundführer braucht bei seiner harten Arbeit Unterstützung und Verständnis. Er kann nicht immer nur der Gebende sein. Das gilt nicht nur allgemein für die Jägerei, das gilt auch im besonderen Maße für das eigene Heim, in dem die Hausfrau waltet. Ich wünsche jedem Schweißhundführer eine Ehefrau, die für seine große Passion Verständnis aufbringt, die nicht verzweifelt, wenn ,,Er" viele Stunden, meist noch an Wochenenden, der Schweißfährte nachhängt und die über zerrissene und verschmutzte Kleidung sowie über verlorene Gegenstände kein Wort verliert. Eine Frau, die trotz Belastung durch Familie und Haushalt die Pflege und Aufzucht der Welpen unterstützt, hierbei mit gefühlvoller Hand den Herrn vertritt und sogar vollwertig ersetzt, die Anteil nimmt an Ausbildung und Fortschritten des jungen Hundes, die durch Interesse an den Erfolgen beider ,,Hirschmänner" das Selbstbewußtsein steigert, die aber auch durch ihr mitfühlendes Verständnis den Kummer bei unausbleiblichen Mißerfolgen mildert.

Ausrüstung

Geeignete Ausrüstung und entsprechende Hilfsmittel erleichtern dem Schweißhundführer die mitunter an die Grenze der körperlichen und psychischen Belastbarkeit gehende Arbeit auf der Wundfährte nicht unerheblich, ja, sie können sogar für den Ausgang einer Nachsuche von entscheidender Bedeutung sein!

Das Wetter, die Jahreszeit und auch die Wildart sind die Faktoren, nach denen der Schweißhundführer seine Ausrüstung für die jeweilige Nachsuche zusammenstellt. Allein die Zweckmäßigkeit soll dabei bestimmend sein. Soweit als möglich sollen aber auch alte Überlieferungen und Traditionen Berücksichtigung finden. Ich hoffe, daß die folgenden Hinweise dem jungen Schweißhundführer genügend Anregungen für den Erwerb seiner Erstausstattung geben werden.

Da ist zuerst das leidige Problem der Fußbekleidung. Seit Jahren gebrauche ich bei Nachsuchen auf jede Wildart in jeder Jahreszeit und bei jedem Wetter nur noch Gummistiefel! Nie kann vor einer Suche vorausgesagt werden, wo sie hinführt: Geht es dieses Mal durch Bruchpartien, durch Suhlen, durch Wasserläufe? Lederschuhe sind bald durchnäßt, Schnee und Fremdkörper dringen leicht von oben ein. Das Laufen wird nicht angenehmer! Schwarzwildsuchen haben es häufig in sich. Sie führen durch dickste Fichten-Naturverjüngungen, durch Kieferndickungen, durch Dorngestrüpp: Strümpfe und Wickelgamaschen sind bald zerrissen und zerfetzt. Der Gummistiefel schützt auch vor leichteren Verletzungen und wird – er muß oben enger geschnallt werden können – eigentlich jeder Situation gerecht.

Bei trockenem Wetter, auch trockener Kälte sind Lederhosen angebracht, da sie gegen Dornen und Hornäste sehr widerstandsfähig sind. Dagegen sind sie bei Regen sofort durchnäßt. Sie saugen sich dermaßen mit Feuchtigkeit voll, daß sie für den Schweißhundführer nur lästig und hinderlich werden. Eine feste, derbe Jacke ist stets angebracht. Sie muß aber am Hals dicht verschließbar sein. Denn eingedrungene Nadeln und Staub können im Sommer und Winter auf der verschwitzten Haut recht unangenehm werden! Als Kopfbedeckung ist eine Baschlikmütze zu empfehlen, keineswegs jedoch ein Hut. Er geht in der Dickung zu leicht verloren, man wird aufgehalten und stört laufend den Hund bei seiner Arbeit. Dringend abzuraten ist von Mänteln jeder Art, die über die Knie reichen. Man bleibt mit einem solchen Mantel in der Dickung hängen, zerreißt ihn bei der ersten Suche in Fetzen und wird dadurch ständig behindert. Bei Regenwetter, in nassen oder schneebehangenen Dickungen ist ein Südwester mit Nackenschutz in seiner Zweckmäßigkeit nicht zu überbieten. Eine glatte, derbe Gummijacke mit Außentasche und Verschlußklappe, so daß sich kein Wasser oder Schnee in der Tasche ansammeln können, und Gummihosen, die über die Gummistiefel gezogen werden und nur etwa bis zur halben Wade reichen,

Schlechtwetterausrüstung

vervollständigen die m. E. zur Zeit ideale Schlechtwetterbekleidung. Derart geschützt wird man der Fährte nachhängen können, kaum behindert durch Nässe und Schnee, mag die Dickung auch noch so triefen und schneebehangen sein, andernfalls aber wäre auch bald der stärkste Durchhaltewille „aufgeweicht".

Handschuhe, und zwar derbe Lederhandschuhe, sind für Schwarzwildsuchen selbst im Sommer unentbehrlich. Es ist fast unmöglich, der Wundfährte einer kranken Sau durch Dornengestrüpp, Brombeeren, wo man mitunter nur kriechend dem Hund auf dem Wechsel folgen kann, ohne Lederhandschuhe nachzuhängen. Sehr leicht kommt es dann zu Fehlreaktionen des Hundeführers. So wird z. B. der Hund zu früh geschnallt, der Erfolg der Suche ist in Frage gestellt. Stulpen an den Handschuhen, die das Eindringen von Schnee in die Ärmel verhindern sollen, sind von Nachteil, da sie das an den Ärmeln herablaufende Wasser auffangen und in die Handschuhe leiten.

Dringend notwendig aber ist in dichten Nadelholzdickungen oder im Dornengestrüpp ein Augenschutz. Eine Schutzbrille aus feinem Drahtgitter, durch ein Gummiband gehalten, kann ein durchaus wirksamer Schutz sein. Leider sieht man mit dieser Brille in den an sich schon recht dunklen Dickungen sehr wenig, so daß man gezwungen ist, sie ständig über den Mützenrand hochzuschieben. Beim Weitergehen aber wird sie meist schon vom nächsten Ast unbemerkt abgestreift und geht verloren. Es bleibt nur festzustellen, daß es zur Zeit noch keinen Augenschutz gibt, der den Anforderungen der rauhen Praxis gerecht wird.

Als Schußwaffe ist in jedem Fall eine kurze Büchse mitzuführen. Eine Lauflänge von etwa 50 cm genügt vollauf. Schäftung und Visier sollen solide und einfach sein. So wird das Gewehr gegen Schlag, Stoß und Nässe unempfindlich. Die Befestigung für den Gewehrriemen darf nicht tiefer als 6 bis 8 cm unterhalb der Laufmündung angebracht werden, damit beim Tragen der Büchse über dem Rücken die Laufmündung nicht über die Schulter hinausragt. Auf diese Weise wird der Schweißhundführer beim Durchkriechen von Dickungen kaum behindert. Wichtig ist es, die Mündung gegen das Eindringen von Wasser, Schnee oder Fremdkörpern durch einen einfachen, praktischen Verschluß zu schützen. Alle handelsüblichen Mündungskappen, gleichgültig, ob mit Schnallen, Knöpfen oder etwas anderem versehen, sind für ein Nachsuchengewehr ungeeignet. Als einfachster und billigster Mündungsverschluß hat sich das Zukleben der Mündung mit einem Streifen „tesa-Krep" bewährt. Dieser Streifen löst sich bei Nässe nicht, auch Äste, Zweige und Dornen vermögen ihn nicht abzustreifen, da er keine Angriffsfläche bietet. Da auch das Korn frei ist, ist die Waffe stets einsatzbereit. Beim Fangschuß kann ohne Beeinträchtigung des Laufes durch den Streifen geschossen werden.

Von großer Bedeutung ist die Geschoßfrage. Ich benutze nur Vollmantel, möglichst Spitzgeschoß. Man kann diese Geschosse im Handel erwerben. Sie bieten den großen Vorteil, daß sie durch Hindernisse weniger abgelenkt werden, ebenfalls ist die Splitterwirkung beim Durchschlagen eines Hindernisses oder des Wildkörpers gering. Somit ist beim Fangschuß der stellende Schweißhund bei weitem nicht so stark gefährdet wie bei der Verwendung von allgemein üblichen Jagdgeschossen.

Vom gerechten Schweißhundführer wurde früher auch das Mitführen des Hirschfängers oder des Waidblattes verlangt. Ich glaube, diese Forderung ist überholt. In der Praxis wird meist der Fangschuß mit der kurzen Nachsuchenbüchse gegeben. Für die wenigen Fälle, die das Abfangen mit der blanken Waffe notwendig machen, genügen das ausreichend lange und feststehende Jagdmesser oder der Nicker. Die aber werden ohnehin von jedem Hundeführer mitgeführt! Ebenso ist das Jagdmesser zum Kennzeichnen der Wundfährte durch Anschalmen von Bäumen ausreichend. Hirschfänger und Waidblatt sind zu schwer und behindern den Hundeführer sehr. Ihre relativ geringen Anwendungsmöglichkeiten stehen in keinem Verhältnis zu der zusätzlichen Belastung.

Dagegen sollte das Jagdhorn auch heute noch vom Schweißhundführer mitgeführt werden. Die Hornfessel war einst Symbol des hirschgerechten Jägers. Doch allein die Überlieferung ist nicht ausschlaggebend: Das Jagdhorn ist auch in der heutigen Praxis ein wertvolles Verständigungsmittel während der Nachsuche. Bei schneller Folge über Berg und Tal gewährleistet es dem allein arbeitenden Hundeführer die notwendige Verbindung und Orientierung mit den revierkundigen Jägern. Von diesem Nützlichkeitsstandpunkt ganz abgesehen: Das Verblasen des gestreckten Stückes gehört zur gerechten Jägerei! Wer anders als der Schweißhundführer sollte das tun? Welchen Jäger ergreift nach langem, bangem Warten nicht der Klang des „Hirsch tot"? Dafür sollten kleine Unannehmlichkeiten, die sich zwangsläufig aus dem Mitführen des Hornes ergeben, in Kauf genommen werden. Allerdings kann es bei Schwarzwildsuchen zweckmäßig sein, auf das Horn zu verzichten. Denn beim Durchkriechen von Naturverjüngungen oder Dornengestrüpp, dort also, wo man sich selbst schon zu viel ist, wird auch das Jagdhorn zu einem belästigenden Hindernis.

Neben der Schußwaffe ist der Schweißriemen mit Halsung wichtiger Bestandteil der Ausrüstung. Schon die alten Besuchsjäger verwandten eine ganz ähnlich konstruierte Halsung mit Wirbel. Anstelle eines Lederriemens wurde damals ein Leitseil verwendet, welches möglichst aus Bockshaar gearbeitet sein sollte. Döbel (1746) erwähnt für den Schweißhund jedoch schon den Riemen. Der Riemen wird aufgedockt um die Schulter gehängt, und zwar von rechts nach links, so daß der Hund an der linken Seite des Führers geht. In alten Zeiten wurde der Hund häufig rechts geführt, damit das Leitseil sich nicht im Hirschfänger oder Waidblatt verfing und man mit der rechten Hand den Hund besser halten konnte. Damals trug der Hundeführer aber keine Schußwaffe. Der Sinn des Auf- und Abdockens ist der, den Riemen beliebig verlängern und verkürzen zu können, ohne den Hund vom Riemen lösen zu müssen.

Forstmeister Gerding beschreibt das Aufdocken wie folgt: „Das Aufdocken geschieht, indem man den Riemen vom hinteren Ende, also von der Handhabe ab, vier- bis sechsmal zusammenlegt. Dann beginnt man das untere Ende des zusammengelegten Stückes mit dem Riemen zu umwickeln, immer so, daß die

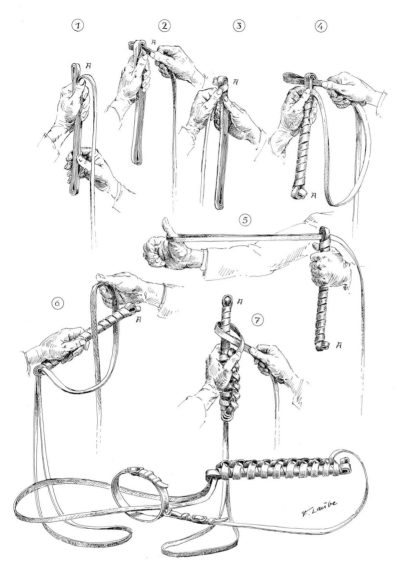

Das Aufdocken des Schweißriemens

rauhe Seite nach innen kommt, und fährt damit bis zum oberen Ende fort, nimmt den Riemen nun doppelt, die rauhe Seite nach innen und streckt ihn in der Länge vom Hals bis zur ausgestreckten Hand seines Trägers durch das obere Ende des zusammengelegten und umwundenen Stückes. Hierauf nimmt man die Schleife und dockt den Riemen mit der rechten Hand vom Durchstich bis zum unteren Ende in Ösen auf und hängt den Riemen von rechts nach links so

25

über die Schulter, daß die Ösen desselben nach auswärts zu sitzen kommen, und die Docke an der linken Seite mit dem übriggebliebenen Riemenende und der Halsung herabhängen, um den Hund daran zu befestigen und ihn an der linken Seite hinter oder neben sich gehen lassen zu können. Ist der Hund also nicht am Riemen, dann schnallt man die Halsung durch die Schleife, welche über die Schultern gehängt wird, um den Riemen so bequem tragen zu können."

Der Schweißriemen muß mindestens 8 m lang sein, breit ist er 2 bis 2,5 cm. Er soll aus gefettetem, gutem Rindsleder gefertigt sein. Die Halsung, 3,5 bis 4,5 cm breit, ist innen mit weichem Leder gefüttert, um den Hund nicht zu drücken. Außerdem ist sie mit einem Wirbel zum Befestigen des Riemens versehen. Diese Befestigung erfolgt durch eine Schnalle, nie durch einen Karabinerhaken. Diese Schnalle wird nur zum Reinigen gelöst. Die Halsung bleibt stets am Riemen, sowohl, wenn der Hund zur Hetze geschnallt wird, als auch, wenn er sonst freigelassen wird. Ein Schweißhund läuft nie mit Halsung frei umher.

Trotz guter Pflege verschleißen vielgebrauchte Schweißriemen und Halsungen relativ schnell. Vor jeder Nachsuche sollte daher der Hundeführer Riemen und Halsung auf eventuelle Mängel überprüfen. Eine kleine Beschädigung einer Naht kann während der Suche durch das ständige Vorbeistreichen des Riemens an Ästen und Zweigen sehr schnell das völlige Auseinanderreißen der Nahtstelle zur Folge haben. An der Halsung können stark abgenutzte Wirbel plötzlich ganz brechen. Die Nieten, mit denen der Wirbel an der Halsung befestigt ist, ziehen sich mit der Zeit durch das Leder. Infolge dieser Fehler kann der Hund unabsichtlich freikommen; und dann, falls der Riemen an einer Nahtstelle gerissen ist, hetzt er mit einem Teil des Riemens. Die Folgen können recht unangenehm werden. Neuerdings werden Schweißriemen aus Kunststoff angefertigt. Sie sind nahtlos, bedürfen kaum einer Pflege und sind sehr haltbar sowie billiger als Lederriemen. Allerdings lassen sie sich schlechter aufdocken.

Bei der traditionellen Führung des Hannoverschen Schweißhundes am langen Riemen und mit Schweißhalsung werden auf der Wundfährte ungestüm voran drängende Hunde durch den Druck der Halsung auf die Atemwege, insbesondere bei warmer, trockener Witterung, derart stark behindert, daß der Führer gezwungen wird, zur Erholung des Hundes die Riemenarbeit häufiger zu unterbrechen. Eine ungestörte, kontinuierliche Arbeit auf der Wundfährte ist somit nicht möglich. Noch weit schwerwiegender sind die nachteiligen Folgen des ständigen, starken Druckes der Schweißhalsung auf die letzten Halswirbel des Hundes. Starke Abnutzungen an diesen Wirbeln können hierdurch hervorgerufen werden, die wiederum zu Lähmungserscheinungen, ja sogar, wie in einigen Fällen vorgekommen, zum Tode des Hundes führen.

Im Interesse der Gesundheit unserer Hunde ist daher dringend zu empfehlen, zumindest die auf der Wundfährte heftigen Hunde mit einem Brustgeschirr zu führen. Die Atemwege der vierläufigen Jagdhelfer werden durch das Brustgeschirr nicht im geringsten eingeengt, und es entfällt der folgenschwere Druck der Schweißhalsung auf die letzten Halswirbel. Bei Verwendung des Brustgeschirres wird der Hund zur Hetze durch Öffnen des Verschlusses genau so schnell,

Hannoverscher Schweiß-
hund mit Brustgeschirr und
Senderhalsung

wenn nicht sogar noch schneller frei als beim Aufschnallen bzw. Abstreifen der
Schweißhalsung.

Weitere, sehr wichtige Hilfsmittel sind ein weißes Tuch und eine Lupe. Beide
dienen dazu, auf dem Anschuß und während der Schweißarbeit winzige Pürschzeichen überhaupt erst zu erkennen und richtig anzusprechen. Wiederholt habe
ich Nachsuchenerfolge nur diesen beiden Hilfsmitteln zu verdanken gehabt.
Ohne diese Dinge dürfte ein verantwortungsbewußter Schweißhundführer keine
Nachsuche beginnen! Hierauf sowie auf Anlage und Gebrauch eines Schnitthaarbuches, das vor allem von weniger erfahrenen Führern mitgeführt werden
sollte, wird später ausführlich eingegangen.

Gar nicht selten verletzen sich Hunde Nase, Lefzen oder auch Pfoten an
Dornen, Stacheln, Ästen oder anderen scharfkantigen Gegenständen. So weiß
man manchmal nicht mehr, ob der Schweiß, der auf der Fährte gefunden wird,
vom Wild oder vom Hund stammt. Daher ist es ratsam, in einem kleinen
Röhrchen blutstillende Watte mitzuführen. Tupft man von dieser Watte etwas auf
die festgestellte Verletzung, dann ist meist nach wenigen Minuten Wartezeit der
Schaden behoben, und die Arbeit kann fortgesetzt werden. Auch bei größeren
Verletzungen von Hund und Führer kann blutstillende Watte für die Erste Hilfe
von Nutzen sein.

In den beiden letzten Jahrzehnten ist der Anteil der Schwarzwildnachsuchen
an der Gesamtnachsuchenstrecke erheblich größer geworden. Er liegt zur Zeit
bei 70 bis 75 Prozent. Damit ist auch für unsere Hunde die Gefahr gewachsen,
von wehrhaftem, aggressivem Schwarzwild verletzt zu werden. Zumeist sind es
mehr oder weniger schwere Riß- oder Bißwunden. Um seinem verletzten
Jagdgefährten noch vor Ort Erste Hilfe leisten zu können, sollten Schweißhundführer, die viel zu Schwarzwildnachsuchen gerufen werden, ihre Ausrüstung um
ein „Erste-Hilfe-Besteck" ergänzen, in dem zum Desinfizieren von Verletzungen

ein lösliches Wundpuder und zum Schließen von Rißwunden ein „Hautklammer-gerät" (Tacker) keinesfalls fehlen sollten.

Nach langen Hetzen, insbesondere nach Fehlhetzen in fremden Revieren, wird jeder Schweißhundeführer einmal die Erfahrung machen, daß sein Hund nicht zurückkommt. Durch die Hetze völlig verausgabt, fehlt ihm oft die Kraft, sich zu orientieren und zurückzukehren. Auch kann er verletzt sein, benutzt dann meist bequeme Wege oder sucht Anschluß bei den Menschen. In diesen Situationen, vor allem in Gebieten, wo der Schweißhund den Jägern wenig bekannt ist, ist er mannigfachen Gefahren ausgesetzt. Dringend zu empfehlen ist daher, vor jeder Suche dem Hund ein aus leuchtend roter Folie angefertigtes etwa 5 cm breites Halsband, mit Namen und Telefonnummer des Führers versehen, zusätzlich zur Schweiß-Halsung anzulegen. Diese gut sichtbare „Warnhalsung" hat bereits großen Anklang gefunden. Sie schützt den Hund nicht nur in den vorher geschilderten Situationen vor Verwechslung mit wildern-den oder streunenden Hunden, sondern erleichtert auch dem Hundeführer bei schlechter Sicht und in unübersichtlichem Gelände, insbesondere bei Schwarz-wildnachsuchen, die Abgabe des Fangschusses.

Zum Kontakthalten mit dem hetzenden bzw. stellenden Hund und zum schnellen Wiederauffinden geschlagener, verletzter oder während bzw. nach einer Hetze im Straßenverkehr verunglückter Hunde steht Hundeführern als

Schweißhund mit roter Warnhalsung

wertvolle Ergänzung ihrer Ausrüstung ein im Nachsuchenbetrieb erprobtes Hilfsmittel – die Radiotelemetrie – zur Verfügung. Beim Einsatz dieser technischen Hilfe kann die Verwendung des Brustgeschirres ebenfalls zweckmäßig sein, denn Schweiß- und Senderhalsung während der Riemenarbeit zusammen angelegt können für heftige Hunde eine zusätzliche Behinderung bedeuten. Von einigen Führern wird deshalb die Senderhalsung dem Hund erst angelegt, wenn er zur Hetze von der Schweißhalsung befreit wird. Beim Brustgeschirr dagegen kann die Senderhalsung bereits bei Beginn der Suche angelegt werden. Mit leuchtenden Warnfarben und der Telefonnummer des Schweißhundführers versehen kann das Senderhalsband durchaus die Warnhalsung ersetzen. Über die zur Zeit dem Schweißhundführer zur Verfügung stehenden Richtfunksysteme und deren zweckmäßigen Einsatz in der Nachsuchenpraxis ausführlicher am Schluß des Abschnittes: „Führung auf der Wundfährte und Hetze".

Ich betone nochmals: Eine „Warnhalsung" wird zusätzlich zur eigentlichen Schweißhalsung vor *jeder* Nachsuche, auch wenn mit einer Totsuche zu rechnen ist, dem Hund angelegt. Allerdings darf die Halsung nicht aus einem so festen widerstandsfähigen Material bestehen, daß sie eine Gefahrenquelle für den Hund während der Hetze wird.

Fährtenkunde und hirschgerechte Zeichen

Wer einen Schweißhund führen will, muß in der Lage sein, die Fährte eines bestimmten Stückes von anderen Fährten zu unterscheiden. Besonders wenn man den Hund auf kalter Gesundfährte arbeitet, ist es dringend erforderlich, daß man kontrollieren kann, ob der Hund recht hat. Sobald man also einen Weg oder weichen Boden kreuzt, wo man die Abdrücke klar sehen kann, muß man mit Sicherheit sagen können, ob der Hund die ursprüngliche Fährte noch hält. Dazu gehört viel Übung, aber es gehört auch eine gewissermaßen wissenschaftliche Grundlage dazu. Man muß wissen, woraus sich eine Fährte zusammensetzt, was alles zu beachten ist und besonders welche charakteristischen Merkmale es in einem Fährtenbilde überhaupt gibt.

Zwar gibt es hervorragende Bücher über Fährtenkunde – ich erwähne nur Brandt, Fährten- und Spurenkunde (Verlag Paul Parey, Hamburg und Berlin) –, aber um in der vorliegenden Schrift alles zu bringen, was zur gerechten Führung des Schweißhundes gehört, kann ich die Fährtenkunde nicht übergehen.

Wenn ein Stück Rotwild den Lauf niedersetzt, so entsteht im Boden je nach der Härte desselben ein mehr oder weniger ausgeprägter *Tritt*. Steht dieser Tritt sehr klar und deutlich, so spricht man von einem *Trittsiegel*. Die beim Ziehen des Wildes entstehende Aneinanderreihung der einzelnen Tritte ist die *Fährte*. Der Tritt des Vorderlaufes ist stets stärker als der des Hinterlaufes. Der unterste Teil des Laufes besteht beim Rotwild aus *Schalen* und *Ballen* und den oberhalb sitzenden *Oberrücken* oder dem *Geäfter*. Der untere Rand der Hirschschalen wird *Sensel* oder *Wand* genannt. Nach vorn laufen die Schalen in die Schalenspitzen aus. In der Mitte der Schalen befindet sich eine Hohlkehle, die Schalen sind also an der Unterseite nicht horizontal, sondern weisen eine konkave Wölbung auf. Die Ballen dagegen sind nach außen gewölbt, also konvex geformt. Das Verhältnis der Länge der Ballen zu der Länge der Schalen ist beim Rotwild 1:2, d. h. also, die eigentlichen Schalen sind doppelt so lang wie die Ballen (beim Damwild 1:1).

Jedoch nicht allein aus der anatomischen Beschaffenheit bilden sich die Eigentümlichkeiten und besonderen Merkmale der Fährte. Man kann nämlich den Lauf eines starken Alttieres und den eines Spießers noch so genau betrachten und wird daran keinen Unterschied feststellen können bezüglich des anatomischen Baues. Und trotzdem ist die Fährte eines Alttieres von der eines Spießers für den wissenden, erfahrenen Jäger nicht nur an der gesamten Fährte, sondern auch im einzelnen Trittsiegel zu unterscheiden, d. h. der Hirsch drückt den anatomisch gleichgebauten Lauf anders auf als das Alttier, so daß die Tritte tatsächlich Unterschiede aufweisen.

Von jeher war es von großer Bedeutung, nach der Fährte feststellen zu können, ob ein Hirsch oder ein Stück Kahlwild dort gezogen war. Weiterhin war es bedeutsam, nach der Fährte und sonstigen Zeichen die Stärke und das Alter des Hirsches feststellen zu können. In alten Zeiten war dies noch erheblich wichtiger als heute. Die Besuchsjäger hatten es hierin zu einer hohen Kunst gebracht. Schon im 14. Jahrhundert werden 25 verschiedene Zeichen aufgeführt, an denen man erkennen konnte, ob man einen Hirsch oder ein Tier bei der Vorsuche vor sich hatte. Die Zahl der hirschgerechten Zeichen stieg im Laufe der Jahrhunderte schließlich bis zu 72, die im 18. Jahrhundert ein hirschgerechter Jäger kennen mußte.

Aber auch noch heute ist die Kenntnis solcher Zeichen von großer jagdlicher Bedeutung. Wenn auch die eigentliche Leithundarbeit heute kaum noch geübt wird, so ist es für den Hochwildjäger doch sehr wichtig, aus den Zeichen erkennen zu können, welches Wild etwa im Revier zugewechselt ist. Außerdem sollte schon das Interesse an diesen seit Jahrhunderten gebräuchlichen Zeichen den hirschgerechten

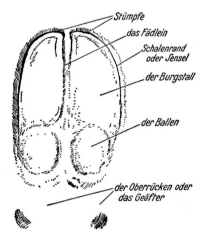

Tritt des Hirsches, etwa ½ der natürlichen Größe

Jäger veranlassen, sich mit denselben vertraut zu machen. Wenn auch unter den 72 hirschgerechten Zeichen manche sind, die uns etwas an den Haaren herbeigezogen scheinen, so habe ich doch im folgenden alle 72 Zeichen aufgeführt, da in der neueren Literatur stets nur die wichtigsten erwähnt werden. Für den gerechten Schweißhundführer scheint es mir aber notwendig, daß er auch heute noch alle 72 Zeichen kennenlernt, sind doch in diesen Zeichen die gesamte Fährtenkunde und ein gut Teil Kenntnis vom Rotwild verankert. Die hirschgerechten Zeichen sind nun keineswegs sämtlich Fährtenzeichen, sondern auch solche Merkmale, die nicht mit der Fährte im Zusammenhang stehen, gehören dazu.

Die hirschgerechten Zeichen der alten Jägerei sind:

I. Zeichen, die nicht mit der Fährte in Verbindung stehen

1. *Das Fegen.* Mit Fegen bezeichnet man das Abfegen des Bastes vom fertig geschobenen Geweih. Wenn dieses geschehen ist, beginnt

2. *Das Schlagen.* Der Hirsch fegt mit seinem Geweih an jungen Bäumen und Sträuchern die Rinde ab. Er tut dies während der ganzen Feistzeit und während der Brunft aus Übermut und aus Wut.

3. *Die Suhle.* Wenn sich ein Hirsch gesuhlt hat, so findet man häufig die Abdrücke seiner Stangen am Rande der Suhle im weichen Boden. Man kann hieraus unter Umständen Stärke und ungefähre Endenzahl erkennen.

4. *Das Scherzen.* Der Hirsch fährt mit dem Geweih in die Erde und wirft dabei Gras und Moospolster hoch. Man nennt jedoch auch das noch zaghafte Kämpfen besonders geringer Hirsche in der Feistzeit Scherzen.

5. *Das Wimpelschlagen.* Der Hirsch schlägt mit dem Geweih und auch mit den Läufen Ameisenhaufen, wohl aus Übermut, auseinander. Die Alten nahmen an, daß er es ,,zu seiner Artzney und Stärkung tue".

6. *Das Himmelszeichen* oder *Gewende,* auch *Wenden* genannt. Der Hirsch wendet beim Ziehen durch dichte Bestände Blätter und Zweige mit dem Geweih um und bricht dabei auch wohl kleine Äste ab. Als *Himmelsspur* wird dagegen von den Alten auch wohl die Fegestelle bezeichnet.

7. *Die Losung.* Die Losung des Hirsches ist im ganzen Jahre von der des Kahlwildes zu unterscheiden. Die Hirschlosung ist eichelförmig mit einer Vertiefung am unteren Ende, so daß der Zapfen des nächsten Teilchens in die Vertiefung hineinragt, die Losung ist gezäpft, während die Tierlosung beerenförmig, nicht zusammenhängend und ohne Vertiefung fällt. In der Feistzeit ist die Hirschlosung breiig, fladenartig. In der Brunft ist die Hirschlosung dünner, d. h. die einzelnen Teile sind kleiner, ebenso im Winter. Während die Losung im Frühjahr weich und im Sommer häufig schleimig ist, ist sie in der Brunft und Notzeit hart. Die Tierlosung ist in der Form das ganze Jahr gleich, sie fällt in der Brunft häufig etwas schleimig, im Frühjahr weicher, im Winter härter.

8. *Das Nässen.* Der Hirsch näßt zwischen die hintereinanderstehenden, das Tier zwischen die nebeneinanderstehenden Tritte.

9. *Das Plätzen.* Der Hirsch schlägt mit den Läufen die Erde wund und setzt sich darauf, um sich zu kühlen, besonders in der Brunft.

10. Der Hirsch trollt schnell zur Äsung.

11. *Der Kirchgang.* Wenn der Hirsch von der Äsung wieder zu Holze zieht, so zieht er langsam und macht dabei häufig

12. *den Widergang,* d. h. er wechselt zunächst auf der Hinfährte ein Stück zurück, um dann im scharfen Winkel seinem Einstand zuzuziehen.

13. *Das Knacken der Läufe.* Wenn ein Hirsch z. B. auf einer Schneise entlangzieht, knacken ihm häufig die Gelenke.

14. Der Hirsch zieht gern auf Pfaden, Wegen und Schneisen wegen seines Geweihes.

15. Der Hirsch ist stärker im Wildpret als ein Tier.

16. Der Hirsch hat eine *Brunftmähne* oder *Brunftkragen.*

17. Er ist am Bauche, besonders in der Brunft und im Winter, schwärzer als ein Tier.

18. Der Hirsch hält sich beim Ziehen aufrechter als ein Tier.

19. Der Hirsch nimmt seine Äsung höher als ein Tier.

20. Er verbeißt schärfer als das Kahlwild, besonders am Korn und an jungen Zweigen zu erkennen. Das Kahlwild quetscht mehr.

21. Steht der Hirsch beim Rudel, so zieht er stets zuletzt oder seitlich.

22. Auf Äckern nimmt der Hirsch beim Ziehen gern eine Furche an, während das Kahlwild mehr quer über die Äcker zieht.

23. *Der Tauschlag.* Der Hirsch hinterläßt beim Ziehen durch taunasse Wiesen eine breite dunkelgrün aussehende Furche; beim Kahlwild ist diese schmaler.

24. *Der Teerbaum.* Wenn man bei hartem Boden den Hirsch nicht fährten kann, soll man Stangen, die mit Holzteer bestrichen sind, auf dem vermuteten Wechsel aufstellen. Der Hirsch soll sich gern an diesen Stangen scheuern und mit dem Geweih daran schlagen.

II. Fährtenzeichen

25. *Die Stärke* des Tritts. Ein älterer Hirsch fährtet sich stets stärker als ein Tier. Im allgemeinen ist die Fährte eines Hirsches vom zweiten Kopf schon stärker als die eines Alttieres, im gleichen Revier natürlich.

26. *Die Ballen* des Hirsches sind auch im Verhältnis länger als beim Tier,

27. daher sieht die Fährte eines Hirsches, wenn die Ballen gut abgedrückt sind, mehr herzförmig aus.

28. *Der Zwang.* Der Hirsch drückt beim Ziehen die Schalen seitlich fest zusammen, außerdem drückt er die Schalenspitzen von vorn etwas nach rückwärts gegen die Ballen hin, er zwingt. Dieses Zwingen ist besonders beim geschlossenen Tritt der Fall. Durch dieses Zwingen wird etwas Erde oder Schnee mit den Schalenspitzen nach hinten gedrückt.

29. *Das übermachte Zwingen.* Der Hirsch zwingt mit den Hinterläufen so stark, daß die Fährte, wenn sie genau in der Vorderfährte steht, erheblich kleiner aussieht als die Vorderfährte, so daß man im Zweifel sein kann, ob die Abdrücke von einem und demselben Hirsch herrühren.

30. Durch die Geschlossenheit des Tritts bzw. durch den Zwang entsteht die sogenannte *reine Fährte*, d. h. die Fährte eines Hirsches besteht besonders im nassen Sande und lockeren Boden klarer und reiner als die des Tieres.

31. Im nassen Sande oder lockeren Boden sieht man die Wände der Schalen oder *Sensel* deutlich abgedrückt, was beim Tier nicht so klar zu sehen ist.

32. *Die Stümpfe.* Durch das starke Zwingen werden die Spitzen der Schalen

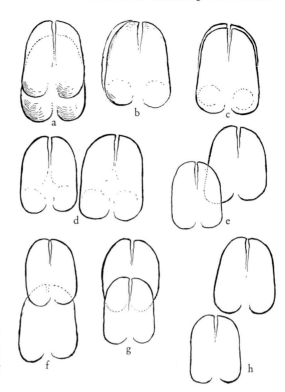

Hirschgerechte Zeichen. a Vierballenzeichen, b Blenden, c Reifchen, d Beitritt, e Kreuztritt, f Übereilen, g Ereilen, h Zurückbleiben oder Hinterlassen

beim Hirsch stärker abgenutzt als beim Tier. Die Fährte des Hirsches wird daher mit zunehmendem Alter vorne immer runder. Die Hirschfährte ist romanisch, die Tierfährte gotisch.

33. *Die Oberrücken.* Beim Hirsch sind die Oberrücken dicker und stumpfer als beim Tier. Dies zeigt sich schon bei einem Hirsch vom zweiten Kopf.

34. Die Oberrücken oder das Geäfter werden weiter auseinandergesetzt als beim Tier, nicht ganz so weit wie bei einer Sau, aber weiter als beim Kahlwild.

35. Die Entfernung des Geäfters von der Fährte ist weiter als beim Tier, beim Tier steht das Geäfter, wenn es überhaupt abgedrückt ist, nahe an dem Ballen.

36. Beim Hirsch stehen die Oberrücken mehr quer, beim Tier mehr längs.

37. Durch das Zwingen schiebt sich der Boden in die auf der Unterseite der Schalen befindliche Hohle hinein und steht in der Fährte als eine kleine Erhöhung, der sogenannte *Burgstall* oder das *Grimmen.*

38. Der Burgstall wird auch dadurch noch besser sichtbar, daß der Hirsch die Ballen etwas vorwärts schiebt, und, wie schon beim Zwang ausgeführt, die Schalenspitzen zurückzieht.

39. *Der Schloßtritt.* Im Bette eines Hirsches steht in der Regel in der Mitte ein Fährtenabdruck, der beim Aufstehen durch den Hinterlauf erzeugt wird. Beim Tier ist dies nicht der Fall.

40. *Der Schluß.* Wenn der Hirsch den Hinterlauf genau in die Fährte des Vorderlaufes setzt, so macht er den Schluß. Das Tier macht den Schluß jedoch auch.

41. *Der Pürzel.* Wenn der Hirsch den Schluß macht, so entsteht häufig dort, wo Schalen und Ballen zusammenstoßen, ein kleines Hügelchen, der sogenannte Pürzel, beim Tier nicht vorkommend.

42. *Das Übereilen.* Wenn beim Ziehen der Hirsch die Hinterläufe vor die Vorderläufe setzt, also darüber hinausgreift, so nennt man das Übereilen. Dieses Zeichen kommt jedoch nur bei jungen Hirschen vor.

43. *Das Vierballenzeichen.* Eine Folge des Übereilens ist das Vierballenzeichen. Der Hirsch tritt dabei mit dem Hinterlauf nur soweit über die Vorderfährte hinweg, daß die vier Ballen gerade hintereinanderstehen.

44. *Das Zurückbleiben, Hinterlassen* oder die *Erfüllung.* Der Gegensatz vom Übereilen. Die Hinterfährte steht hinter der Vorderfährte. Das Übereilen kann man vom Zurückbleiben daran unterscheiden, daß beim Übereilen die schwächere Fährte (Hinterlauf) vorne steht, beim Zurückbleiben die stärkere Fährte (Vorderlauf) vorne. Das Zurückbleiben kommt vor allem bei sehr alten Hirschen vor, die schon etwas steif geworden sind, jedoch auch bei hochbeschlagenen Alttieren, jedoch nicht so kontinuierlich.

45. *Das Ereilen.* Eine Folge des Zurückbleibens. Der Hirsch tritt bis zur Hälfte oder auch etwas darüber hinaus mit dem Hinterlauf in die Fährte des Vorderlaufs. Es ist also ein geringer Grad des Zurückbleibens. Kommt auch beim Tier vor, jedoch nicht so anhaltend, und ist ein Zeichen des Alters.

46. *Der Beitritt.* Wenn der Hirsch mit dem Hinterlauf neben den Vorderlauf tritt, so daß die beiden Fährten nebeneinanderstehen, so nennt man das Beitritt. Kommt auch bei hochbeschlagenen Tieren vor.

47. *Der Kreuztritt.* Die Fährte des Hinterlaufes deckt seitlich halb die Vorderlauffährte.

48. *Das Blenden.* Der Hirsch tritt mit dem Hinterlauf nicht ganz genau in die Fährte des Vorderlaufes, so daß die Fährte beim flüchtigen Besehen breiter erscheint, als sie ist, die Fährte blendet.

49. *Das Reifchen.* Beim Blenden entsteht häufig vorne oder auch an der Seite ein schmales, hochstehendes Reifchen.

50. *Das Insiegel.* Beim Ziehen durch weichen, tonigen Boden oder auch bei Pappschnee bleiben oft Boden- oder Schneemassen am Lauf hängen und fallen erst später ab. Kommt auch beim Tier vor, jedoch sind die angeklebten und abfallenden Massen nicht so groß wie beim Hirsch.

51. *Das hohe Insiegel.* Beim Ziehen über Bruch oder moorige Wiesen reißt der Hirsch Bodenteile mit heraus, die dann umgeklappt liegenbleiben.

52. Bei Pappschnee findet man oft dicke Schneeballen, die abgefallen sind und in denen die genaue Fährte mit Burgstall, Stümpfen usw. abgedrückt ist.

53. *Der Schrank* oder *das Schränken.* Der Hirsch setzt nicht die einzelnen Tritte genau voreinander, sondern die Tritte stehen seitlich einer gedachten geraden Linie, er schnürt nicht, sondern er schränkt. Je feister und stärker ein

Hirsch ist, desto größer die seitliche Abweichung von der geraden Linie. Hochbeschlagene Tiere schränken auch, jedoch nicht so stark.

54. *Die Richtung der Tritte* ist nach außen gestellt. Die Tritte stehen also nicht parallel zu der Richtung, in der der Hirsch gezogen ist, sondern sind rechts und links nach außen gedreht. Beim Tier ist diese Drehung nach außen nur sehr gering, die Tritte stehen fast parallel zur Richtung, in der das Stück gezogen ist.

55. *Die Schrittweite.* Die Schrittweite ist beim Hirsch größer als beim Tier. Schon ein Hirsch vom dritten Kopf hat einen längeren Schritt als ein starkes Alttier. Ein jagdbarer Hirsch hat, je nach Rasse und Stärke, also je nach Revierverhältnissen, 60 bis 80 cm Schrittweite, von Schalenspitze zu Schalenspitze gemessen.

56. *Das Bleizeichen.* Wenn ein Hirsch auf einem nackten Felsen stark auftritt, so erscheint wohl die Fährte wie mit Blei gezeichnet infolge des durch das hohe Körpergewicht bedingten starken Druckes.

57. *Das Näslein.* Zwischen den Schalen bleibt häufig vorn ein kleiner Erdstreifen hoch stehen, das sogenannte Näslein. Kommt auch beim Tier vor, aber seltener.

58. *Das Fädlein.* Die Verlängerung des Näsleins nennt man Fädlein. Dieses geht durch den ganzen Spalt der Schalen hindurch. Es entsteht also bei geringem Spreizen der Schalen, kommt auch beim Tier vor, jedoch seltener.

59. *Das Kränzen.* Wenn auf hartem Boden nur die Wände der Schalen als schmale Kränze zu sehen sind.

60. *Das Scheibchen* oder *das Scheubel.* Wenn es nach langer Trockenheit etwas geregnet hat, so prägt sich die Fährte in der oberen feuchten Bodenschicht ab und wird so zusammengepreßt, daß man das Trittsiegel von dem unteren noch trockenen Boden abheben kann. Kommt auch beim Tier vor.

61. *Der Abtritt.* Wenn der Hirsch über grasbewachsene Flächen mit hartem Untergrund zieht, so schneidet er infolge seines hohen Gewichts mit den Wänden der Schalen das Gras glatt ab und läßt es in der Fährte liegen. Das Tier quetscht mehr das Gras, ohne es abzuschneiden.

62. *Der Einschlag.* Es kommt vor, daß das abgetretene Gras sich zwischen die Schalen klemmt und erst später herausfällt, so daß man es in einer Fährte auf einem Wege oder unbewachsenen Boden findet. Man kann daran, ob das Gras noch frisch oder schon dürr ist, das Alter der Fährte ermessen.

63. *Das Beuchel.* Wenn der Hirsch an einem Hang entlang flüchtig gewesen ist, so entstehen nach der Unterseite des Hanges zu, also unterhalb der Tritte, eiförmige kleine Erderhöhungen infolge des hohen Körpergewichtes. Kommt bei weichem Boden auch beim Tier vor.

64. *Das Lecklein.* Dieses entsteht beim Zurückbleiben. Der Hirsch macht infolge des Zwingens mit der Spitze der Schalen des Hinterlaufes ein kleines Löchlein.

65. Beim Ziehen über Moos und Laub reißt der Hirsch dieses mit hoch, so daß stellenweise kleine Wurzeln mit aus dem Boden herausgerissen werden.

66. Bei der flüchtigen Fährte liegt das Körpergewicht des Hirsches mehr auf

den Ballen als auf den Schalen, so daß erstere besonders deutlich abgedrückt werden.

67. Der Hirsch tritt infolge seines hohen Körpergewichts tiefer in den Boden ein als das Tier.

68. Der Hirsch drückt langes Gras tief herunter, so daß es unten liegenbleibt. Dort, wo ein Tier gezogen ist, erhebt sich das Gras schneller.

69. Auch drückt der Hirsch das Gras in der ganzen Fährte herunter, infolge des Zwanges, beim Tier bleibt dagegen häufig das Gras zwischen den Schalen aufrecht stehen.

70. Im tiefen Schnee macht der Hirsch eine breitere Furche beim Ziehen als das Tier. Er macht ein größeres Geschleppe.

71. In sehr weichem Boden drückt sich der Teil des Laufes zwischen Ballen und Oberrücken breiter ab als beim Tier.

72. Der Hirsch hat einen festeren Tritt als das Tier. Das Tier rutscht leichter, besonders auf glattem Boden. Die Ursache ist, daß der Hirsch geschlossener und gezwungener zieht.

Man glaube ja nicht, daß man durch theoretisches Studium dieser 72 Zeichen ein hirschgerechter Jäger wird. Es ist auch nicht nötig, daß man alle Zeichen beherrscht, sind doch zweifellos eine ganze Anzahl von Zeichen nur deshalb von den Alten aufgeführt, um die Zahl möglichst hochschnellen zu lassen und damit an eigener Bedeutung zu gewinnen. Wenn z. B. die Brunftmähne als besonderes Zeichen aufgeführt wird, so ist nicht einzusehen, warum die Brunft- rute nicht als 73. und die Brunftkugeln als 74. Erwähnung finden! Auch die feinen Unterschiede zwischen Abtritt, Einschlag, Insiegel und hohem Insiegel sind wohl nur gemacht worden, um die ganze Sache möglichst kompliziert erscheinen zu lassen. Wer sich jedoch an Hand dieser alten Zeichen die Mühe macht, draußen im Revier eine Hirschfährte auf günstigem Boden zu untersuchen, und wer versucht, möglichst viel der alten Zeichen an ihr zu finden und festzustellen, wird bestimmt nicht dümmer dadurch. Ohne den Anhalt der Zeichen ist das genaue Ansprechen und Wiedererkennen einer Fährte nicht möglich, mit dem Götter- blick allein geht es nicht, vor allem nicht bei dem Anfänger.

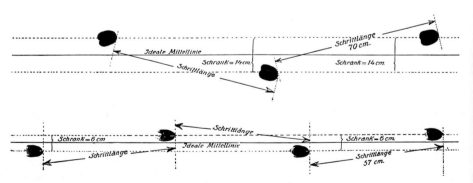

Schluß, Schrank und Richtung der Tritte; oben eines Hirsches, unten eines Tieres

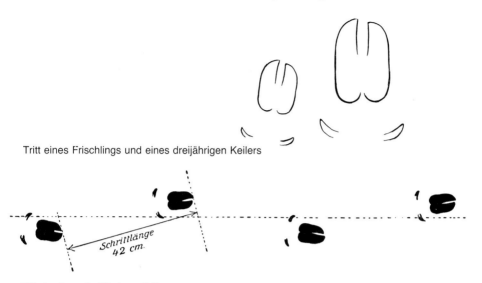

Tritt eines Frischlings und eines dreijährigen Keilers

Fährte eines dreijährigen Keilers

Der Tritt des Schwarzwildes ist bei günstigen, das heißt bei weichen Bodenverhältnissen von dem des Rotwildes leicht zu unterscheiden, da beim Schwarzwild die Oberrücken oder das Geäfter mit den Schalen zugleich abgedrückt werden. Beim Rotwild ist das dagegen nur in der Fluchtfährte und selbst dann häufig nur bei weichen Bodenverhältnissen der Fall. Auch stehen die Abdrücke des Geäfter des Schwarzwildes seitlich hinter den Schalenabdrücken, während sie beim Rotwild hinter den Schalenabdrücken liegen. Sollte auf hartem Boden das Geäfter im Tritt des Schwarzwildes nicht erkennbar sein, so sind die vorn breiter auseinanderstehenden Schalenspitzen weitere Unterscheidungsmerkmale. Auch haben die Schalen eine unterschiedliche Länge, wobei der Abdruck der äußeren Schalen, besonders bei schwächeren Sauen, erheblich länger als der der inneren ist. In Zweifelsfällen gibt uns die Schrittlänge Aufschluß. Sie beträgt bei einer drei- bis vierjährigen Sau nur 40 bis 50 cm gegenüber etwa 70 cm eines mittelalten Hirsches.

Altersfeststellung des erlegten Rot- und Schwarzwildes

Vom guten Schweißhundmann wird nicht nur ein hohes fachliches Können als Hundeführer erwartet, sondern auch jagdliche Kenntnisse, die ihn aus der Masse der Jägerei herausheben. So wird ihm nach einer erfolgreichen Nachsuche häufig die Frage nach dem Alter des zur Strecke gebrachten Wildes gestellt. Denn den Jägern ist es manchmal nicht klar, ob ein starkes Kalb oder ein schwaches Schmaltier auf der Strecke liegt. Noch größere Unklarheiten bestehen bei der Altersbestimmung des Schwarzwildes. Da der Anteil dieser Wildart unter dem insgesamt mit Hilfe Hannoverscher Schweißhunde zur Strecke gebrachten Wild etwa bei 73 % liegt gegenüber einem Anteil des Rotwildes von nur rund 21 %, so muß der Schweißhundführer auch über die Altersbestimmung dieser Wildart orientiert sein.

Häufig wird nur rein gefühlsmäßig nach der Stärke des Stückes angegeben, ob es sich um ein Kalb oder ein Schmaltier bzw. um einen Frischling, Überläufer oder ein zweijähriges Stück handelt. Die Stärke des Stückes ist aber überhaupt kein Maßstab, weder beim Rotwild und ganz und gar nicht beim Schwarzwild! Mit das sicherste Merkmal für die Altersbestimmung sind die Zähne. Auf die Zahnformeln und den Abnutzungsgrad der Backenzähne in diesem Leitfaden im einzelnen einzugehen, würde zu weit führen. Hier soll nur gezeigt werden, wie der Schweißhundführer im wesentlichen auf Grund der Ausformung und des Wechselns der Schneidezähne das Alter in etwa bestimmen und mit Sicherheit sagen kann, ob es sich um Kalb oder Schmaltier, Frischling oder Überläufer handelt. Für diesen Zweck genügt es, die Unterlippe des erlegten Stückes zurückzuschlagen, um die Schneidezähne und gegebenenfalls auch die Prämolaren besser betrachten zu können. Das häßliche und bei einem frisch erlegten Stück abstoßend wirkende Aufschärfen einer Backenseite entfällt somit.

Ein Kalb, also ein Stück, das bei einem Setzdatum vom 1. Juni in der Jagdzeit vier bis acht Monate alt ist, hat sämtliche Schneidezähne als Milchzähne, zu erkennen an der geringeren Größe. Ein Schmaltier, also ein Stück, das in der Jagdzeit genau ein Jahr älter ist, hat die beiden mittleren Schneidezähne bestimmt gewechselt (was im 14. bis 15. Lebensmonat erfolgt). Der Wechsel der übrigen Schneidezähne vollzieht sich im 16. bis 18. Monat. Hat also ein Stück schon alle Schneidezähne gewechselt, so betrachte man sich den dritten Prämolaren, der bei einem Schmaltier immer dreiteilig ist. Ein übergehendes Schmaltier, also ein Stück, das zwei Jahre alt ist, in der Jagdzeit also 28 bis 32 Monate zählt, hat sämtliche Zähne gewechselt, der dritte Prämolar ist zweiteilig.

Bei älteren Stücken, also vom dritten Lebensjahr an, können wir draußen am erlegten Stück das Alter nur grob nach dem Abnutzungsgrad der Schneidezähne in die junge Altersstufe drei bis fünf Jahre, in die mittlere sechs bis neun Jahre und in die alte zehn Jahre und älter einordnen.

Beim Schwarzwild kann die Altersbestimmung am erlegten Stück bis zu einem Alter von zwei Jahren beinahe auf den Lebensmonat genau vorgenommen werden. Allerdings können wir im Rahmen dieser Altersbestimmung das Stück nicht als Frischling oder Überläufer einordnen, da nach heutiger Terminologie der Frischling ab 1. April als Überläufer bezeichnet wird, wobei ein normaler Frischtermin März/April zugrunde gelegt worden ist. Da aber viele Bachen in späteren Monaten des Jahres frischen, diese Frischlinge mit Ablauf des 31. März des folgenden Jahres also noch nicht den zwölften Lebensmonat vollendet haben, gebe ich in den folgenden Ausführungen die Altersangabe lediglich in Monaten an.

Die Schneidezähne des Unterkiefers sind beim Schwarzwild besonders

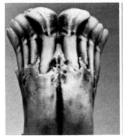  

Schneidezähne des Unterkiefers: links eines Kalbes, Mitte eines Schmaltiers, rechts eines übergehenden Schmaltiers oder Alttiers

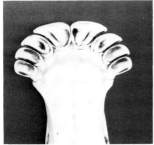 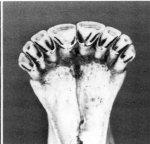 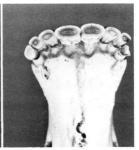

Schneidezähne des Rotwildes: links 3 bis 5 Jahre alt, Mitte 6 bis 9 Jahre alt, rechts über 10 Jahre alt

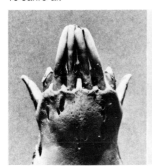 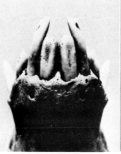 

Schneidezähne des Unterkiefers vom Schwarzwild: links 10 bis 12 Monate alt, Mitte 14 bis 16 Monate alt, rechts 22 bis 24 Monate alt. Die beiden Zähne in der Mitte = innerer Schneidezahn, daneben = mittlerer Schneidezahn, außen = äußerer Schneidezahn

auffallend. Mit ihrer Hilfe ist die Bestimmung des Alters relativ leicht möglich, wobei der Wechsel der Milchzähne und das Erscheinen der bleibenden Schneidezähne die entscheidenden Merkmale sind.

Ein Frischling, fünf bis zehn Monate alt, hat alle Schneidezähne als Milchzähne, wobei das innere und mittlere Paar eine gerade Schneidezahnfront bildet. Das dritte Paar, die äußeren Schneidezähne, ist dagegen wesentlich kleiner und liegt seitlich zurück. Mit zehn bis zwölf Monaten erfolgt der Wechsel der äußeren, der kleinen zurückliegenden Schneidezähne. Im Alter von 14 bis 16 Monaten werden die inneren Schneidezähne gewechselt. Ein deutlicher Längenunterschied in der Schneidezahnfront ist erkennbar. Zuletzt, mit 18 bis 20 Monaten, erfolgt der Wechsel der mittleren Schneidezähne. Wiederum ist keine gerade Schneidezahnfront vorhanden, bis in einem Alter von 22 bis 24 Monaten die Zahnlängen der mittleren und inneren Schneidezähne eine gerade Front bilden. Ab diesem Alter wird eine Altersbestimmung beim Schwarzwild äußerst schwierig, da die Zahnabnutzung weit unregelmäßiger als beim Rotwild erfolgt.

Die angeführten Zahnmerkmale sind jedoch das mindeste, was ein Schweißhundführer wissen muß, besser ist es, er vertieft sich genau in die Zahnlehre, worüber die zahlreichen Rot- und Schwarzwildmonographien genauesten Aufschluß geben.

Bruchzeichen und andere überlieferte Bräuche

Der Schweißhundführer soll nicht nur Führer seines Hundes auf der Nachsuche sein. Er ist wie kein anderer dazu berufen, alte jagdliche Tradition zu pflegen und jagdliches Brauchtum hochzuhalten. Der Schweißhund ist der Nachfahre des jahrhundertelang berühmten Leithundes, seine Führung ist, wenn auch den heutigen Verhältnissen angepaßt, seit über 1000 Jahren in ihren Grundzügen gleichgeblieben – wir müssen daher fordern, daß der Führer des Schweißhundes die alten Sitten und Gebräuche kennt und beachtet, die mit dem alten Leithund und Schweißhund verbunden sind. Hierzu gehören die vollkommene Beherrschung der Jägersprache, das Jagdhornblasen, das waidgerechte Aufbrechen, die richtige Behandlung der Trophäen, die Bruchzeichen und viele andere Gebräuche und Sitten. Es würde weit über den Rahmen dieses Leitfadens hinausgehen, eine Darstellung dieses Brauchtums zu geben, ich verweise daher auf das Buch ,,Das jagliche Brauchtum" (Verlag Paul Parey, Hamburg und Berlin).

Da der Schweißhundführer jedoch viel mit Bruchzeichen zu tun hat, lasse ich eine kurze Schilderung der wichtigsten Bruchzeichen folgen. Für die Verwendung von Brüchen gibt es fünf gerechte Holzarten: Eiche, Kiefer (Latsche und gegebenenfalls Zirbelkiefer), Fichte, Tanne und Erle. Die Buche gehört nicht dazu, und es wirkt lächerlich, wenn ein Jäger mit einem Buchenbruch am Hut einherstolziert. Ein Bruch wird, wie der Name sagt, gebrochen und nicht geschnitten.

Der *Hauptbruch* ist etwa armlang und wird mit dem Waidmesser blankgefegt, d. h. von den Ästen wird die Rinde abgeschabt, um ihn so auffälliger zu machen. Er bedeutet: Achtung! Leitbrüche sollen hinleiten, nämlich zu einem Anschuß oder zu einem gestreckten Stück Wild oder ähnlichem. Ein *Leitbruch* ist etwa halb so lang wie ein Hauptbruch und wird ebenfalls befegt. Er wird so gelegt, daß die gewachsene Spitze in die Richtung zeigt, in der man folgen soll. Der

Anschußbruch und Fährtenbruch, Hirsch nach links geflüchtet

Hauptbruch, armlang, befegt

Leitbruch, halbarmlang, befegt

Anschußbruch mit Fährtenbruch, Kahlwild nach links geflüchtet

Standplatzbruch

Anschußbruch und Fährtenbruch, Fluchtrichtung unbekannt

Wartebruch

Wartebruch (Das Warten wurde aufgegeben)

Bruchzeichen

Fährtenbruch ist etwa so groß wie ein Leitbruch und wird, nachdem er abgebrochen ist, mit dem Waidmesser angespitzt, zum Unterschied vom Leitbruch, außerdem wird er auch nicht befegt. Er wird auf dem Anschuß in die Eingriffe gelegt, und zwar so, daß beim weiblichen Stück die gewachsene Spitze die Fluchtrichtung angibt, beim männlichen Stück das angespitzte Ende. Um keine Unklarheit entstehen zu lassen, wird hinter dem Fährtenbruch ein kleiner Bruch

41

quer gelegt, so daß es wie ein großes lateinisches T aussieht. Der senkrechte Balken des T zeigt die Fluchtrichtung an. Ist die Fluchtrichtung vom Schützen nicht genau festgestellt, so werden zwei kleine Brüche quer gelegt, also der Querbalken des T verdoppelt. Um den Fährtenbruch leichter finden zu können, wird daneben der *Anschußbruch* mit der abgebrochenen Spitze senkrecht in den Boden gesteckt.

Der Hauptbruch kann gelegt oder auch aufgehängt werden. Ein aufgehängter Bruch wird immer leichter gefunden als ein liegender. Die Leitbrüche dagegen liegen auf der Erde, und zwar mit der gewachsenen Spitze die Marschrichtung zeigend, so häufig, daß man von einem zum anderen sehen kann. Geht es einen Weg oder eine Schneise entlang, können natürlich die Leitbrüche weiter auseinanderliegen. Ändert sich die Marschrichtung, dann ist es zweckmäßig, erst einen Hauptbruch anzubringen und einen Leitbruch in der neuen Richtung danebenzuleben.

Wie oft kommt es vor, daß man zu einer Nachsuche gerufen wird, weil der liebe Nachbar hart an der Grenze ein Stück geschossen hat, welches ins eigene Revier gewechselt ist. Der Schütze kann jedoch selbst nicht an der Suche am nächsten Morgen teilnehmen, da er dringend verhindert ist. Lange telefonische Erklärungen, wo sich der Anschuß befindet – – – völliges gegenseitiges Mißverstehen das Ergebnis. Man sucht infolgedessen am nächsten Morgen mit dem Hunde vorhin, und der brave Hirschmann findet dann ja auch glücklich die Krankfährte. Man weiß aber nichts über Pürschzeichen, hat kein Schnitthaar, kurz: man tappt im dunkeln.

Wie einfach wird das alles, wenn durch Bruchzeichen eine genaue Kenntlichmachung erfolgt ist.

Zur völligen Klarheit sei nochmals kurz zusammengefaßt. Nachdem der Schütze auf ein Stück geschossen hat, welches nicht im Feuer bleibt, geht er zu einem allgemein bekannten und genau zu beschreibenden Punkt, etwa Jagenkreuz, Wegegabelung, besonders markanter Baum o. a. Dort hängt er einen armlangen Hauptbruch auf (befegt), auf die Erde legt er in die Nähe des Hauptbruches einen Leitbruch (befegt), gewachsene Spitze in der Marschrichtung zum Anschuß hin. Kommt eine Änderung der Marschrichtung, wieder Hauptbruch und Leitbruch in neuer Richtung, sonst von Zeit zu Zeit Leitbrüche bis zum Anschuß. Dort steckt er senkrecht in den Boden den Anschußbruch (unbefegt) und legt den Fährtenbruch in der oben beschriebenen Weise in die Eingriffe.

Der Schweißhundführer kommt nun, durch diese Brüche geleitet, sicher zum Anschuß und kann die Nachsuche beginnen. Führt ihn bei der Nachsuche die Fährte über Schneisen und Wege, so verbricht er hinter sich die Fährte mit einem Leitbruch (gewachsene Spitze in Marschrichtung), um bei etwa nötig werdendem Zurückgreifen die Fährte schnell wiederzufinden.

Ist das beschossene Stück zur Strecke, so wird es verbrochen, d. h. ein Bruch wird auf den auf die rechte Seite gelegten Wildkörper gelegt, und zwar zeigt beim Hirsch das abgebrochene Ende des Bruches nach dem Haupt, beim

Kahlwild die gewachsene Spitze, außerdem kann man beim Kahlwild den *Inbesitznahmebruch* noch umdrehen, so daß die Blattunterseite nach oben kommt. Der edle Hirsch erhält außerdem einen Bruch durch den Äser. Dieses Verbrechen des Wildes ist nicht etwa nur ein symbolhafter Brauch, sondern er zeigt auch einem anderen Jäger, der durch Zufall das Stück findet und der von der Erlegung nichts wußte, an, daß es sich um ein ordnungsmäßig gestrecktes Stück handelt und nicht etwa um ein gewildertes.

Zu erwähnen bleibt noch der *Wartebruch.* Dieser besteht aus zwei gekreuzt liegenden Brüchen und bedeutet, daß an der betreffenden Stelle gewartet werden soll. Auch dieses Bruchzeichen hat heute noch Bedeutung sowohl beim Nachsuchen

Oben: gerecht gestreckter Hirsch, unten: gerecht gestrecktes Stück Kahlwild

als auch beim gesamten Jagd- und Forstbetrieb. Man hilft sich heutzutage damit, daß man ein Blatt Papier, auf das man die Aufforderung zum Warten kritzelt, an einen Baum befestigt. Ein Verfahren, zu dem erstens Papier und Bleistift gehören, was man nicht immer bei sich hat, und welches außerdem den Nachteil zeigt, daß unberufene Passanten es lesen und auch entfernen können. Zwei gekreuzte Brüche werden dagegen von einem Unberufenen und Uneingeweihten überhaupt nicht beachtet.

Ist der Schütze bei der Nachsuche zugegen, und nur in dringenden Fällen sollte er es nicht sein, so überreicht der Schweißhundführer dem Schützen den sog. *Schützenbruch,* dies tut niemand anders, auch nicht der etwa anwesende Jagdherr. Der Bruch, der vorher durch den Schweiß gezogen wurde, wird auf die abgenommene Kopfbedeckung oder – falls vorhanden – auf das blanke Waidblatt gelegt und mit dem Worte „Waidmannsheil" überreicht. Der Erleger nimmt den Bruch mit „Waidmannsdank" in Empfang, bricht ein kleines Zweiglein von dem Bruch ab und überreicht dieses dem Schweißhundführer, so zeigend, daß ein gut Teil an der Erbeutung des Wildes Hund und Führer geleistet haben. Diesen Teil des Schützenbruches steckt der Schweißhundführer seinem Hund an die Halsung. Dieser schöne Brauch sollte überall geübt werden.

Nach dem Aufbrechen wird das Stück gestreckt. Man legt es auf die rechte Seite, verbricht es und gibt dem Hirsch noch einen Bruch in den Äser, den sog. *letzten Bissen.* Das Haupt des Hirsches stellt man mit Hilfe eines kurzes Astes, den man hinter die rechte Rose klemmt, hoch, so daß das Geweih geradesteht.

Damit das Stück auslüften kann, steckt man einige sperrige Brüche in die Bauchhöhle hinein. – Jedes Stück Wild wird totgeblasen, und zwar vom Schweißhundführer. Dabei ist es gleich, ob es sich „nur um ein Kalb" oder einen Sechzehnender handelt. Das eine ist ein ebenso edles Tier wie das andere!

Mag mancher Leser die alten Bräuche und Sitten, die hirschgerechten Zeichen und Brüche für überholt und nicht mehr in die heutige Zeit passend halten – den gerechten Jäger ficht das nicht an. Sein Ehrgeiz besteht nicht im Erzielen hoher Strecken, für ihn ist Jagd Daseinsinhalt und tiefinnerstes Erleben, er wertet daher auch die Zeremonie und ist stolz auf die genaue Beachtung von altem Brauchtum, welches seine Ahnen schon pflegten. Wenn er über Berg und Tal am langen Riemen dem wunden Wild nachhängt, dann verblassen alle materiellen oberflächlichen Werte, die die moderne Zivilisation zu bieten vermag. Er ist im höchsten Maße Idealist und damit ein glücklicher Mensch! Der Schweißhundführer muß voll Leidenschaft für Hund und Wild sein, und hieraus müssen erwachsen Energie und zähe Ausdauer, unermüdlicher Fleiß und nie versagender Fährtenwillen.

Pürschzeichen

Pürschzeichen sind alle Merkmale, die nach der Abgabe des Schusses auf ein Stück Wild in Erscheinung treten und für die Beurteilung des Sitzes des Geschosses und somit für die Auffindung des beschossenen Wildes von großer Wichtigkeit sind.

Jäger, die auf Schalenwild jagen und die für sich in Anspruch nehmen, sich ihrer Verantwortung für das beschossene Wild bewußt zu sein, müssen in der Lage sein, die beobachteten beziehungsweise die gefundenen Pürschzeichen zu beurteilen und hieraus die richtigen Folgerungen zu ziehen. Nur wenn der Jäger diese Zeichen und deren Auslegung beherrscht, weiß er, wann er mit der Nachsuche beginnen kann, ob eine Totsuche oder eine Hetze zu erwarten ist und ob für die Nachsuche von vornherein der Spezialist auf der Wundfährte – der Schweißhund – herangezogen werden muß.

Was allgemein von den Jägern gefordert wird, gilt in ganz besonderem Maße für den Schweißhundführer. Für ihn sind die Pürschzeichen die Grundlage jeder Nachsuche. Sie zu erlernen und, was noch wesentlicher ist, sie auch richtig zu deuten, setzt ein hohes Maß an Können voraus. Hier beginnt die Kunst der Schweißhundführung. Eingehend und intensiv muß der Schweißhundführer sich mit der Materie beschäftigen; auch für ihn gilt das Wort: lernt Theorie, sonst bleibt ihr praktische Stümper euer Leben lang! Der junge Schweißhundführer wird anfangs recht häufig resignierend feststellen müssen, daß seine an Hand der Pürschzeichen abgegebene Prognose über den wahrscheinlichen Sitz des Schusses und über den Verlauf der Nachsuche nicht zutrifft. Und nicht selten wird in Frage gestellt, ob eine derartige Voraussage außer in solchen klaren

Fällen wie bei Laufschüssen überhaupt möglich sei. Durch in der Praxis erworbene Erfahrung und beharrliches Eindringen in das Detail wird er bald nach erfolgreicher Nachsuche mit freudiger Genugtuung feststellen, daß seine Voraussagen und seine getroffenen Maßnahmen richtig waren!

Um sich die erforderlichen Grundlagen und Kenntnisse für die Beurteilung der Pürschzeichen anzueignen, sollte der Schweißhundführer sich zunächst eingehend mit der Anatomie des Wildes beschäftigen. Gelegenheit hierzu bietet jedes zur Strecke gekommene Stück Schalenwild.

Allein die in Struktur und Farbe sehr unterschiedlichen Haare bzw. Borsten geben wichtige Hinweise, von welchem Körperteil das auf dem Anschuß gefundene Schnitthaar stammt.

Da Knochensplitter als Pürschzeichen ebenfalls eine hohe Aussagekraft haben, muß der Hundeführer auch den Skelettaufbau des Wildes kennenlernen. In der jagdlichen Praxis ist häufig festzustellen, daß nicht einmal die Lage der Knie- und Fußwurzelgelenke bzw. der Ellenbogen- und Handwurzelgelenke bekannt ist. Unklarheit besteht auch weitgehend über die recht unterschiedliche Struktur der Knochen des Gliedmaßen- und der des Rumpfskelettes.

Außer den Gelenken sind die Gliedmaßenknochen, zumeist mit Knochenmark ausgefüllte Röhrenknochen, von sehr fester, harter Struktur. Bei Schußverletzungen ergeben sie daher fast immer glatte scharfkantige Splitter, die sich im frischen Zustand wegen des anhaftenden Knochenmarkes fettig-ölig anfühlen.

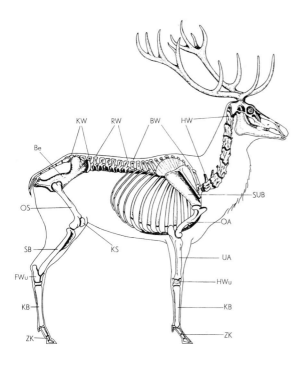

HW	= Halswirbel
BW	= Brustwirbel
RW	= Rückenwirbel
KW	= Kreuzwirbel
SUB	= Schulterblatt
OA	= Oberarm
UA	= Unterarm
HWu	= Handwurzel
KB	= Kanonenbein
ZK	= Zehenknochen
OS	= Oberschenkel
KS	= Kniescheibe
FWu	= Fußwurzel
Be	= Becken

Skelett des Rotwildes
(aus Raesfeld „Das Rotwild")

45

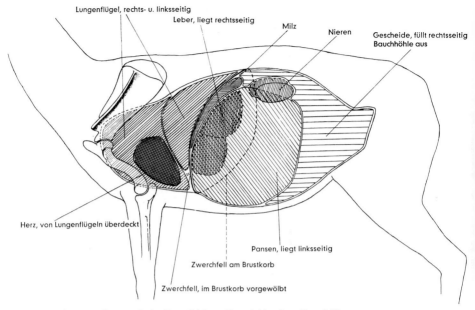

Lungenflügel, rechts- u. linksseitig
Leber, liegt rechtsseitig
Milz
Nieren
Gescheide, füllt rechtsseitig Bauchhöhle aus
Herz, von Lungenflügeln überdeckt
Pansen, liegt linksseitig
Zwerchfell am Brustkorb
Zwerchfell, im Brustkorb vorgewölbt

Lage der inneren Organe beim Rotwild (aus Raesfeld, „Das Rotwild")

Knochen des Rumpfskelettes dagegen sind porös und weit weniger hart und fest; Splitter aus dem Rumpfbereich haben unregelmäßige Bruchstellen, und fast immer haften Wildpretfetzen an ihnen, während die Röhrenknochensplitter stets sauber und frei von Wildpretteilen sind.

Skelett und Körperbau unserer Schalenwildarten sind grundverschieden. Rotwild, ursprünglich Bewohner der offenen Steppe, hat die aufrechte Form eines typischen „Läufers", der über weite Flächen zu flüchten vermag. Sein Rumpfskelett mit der geraden, gestreckten Wirbelsäule wird von langen Gliedmaßen getragen. Infolge des auf einem relativ langen Träger aufrecht getragenen Hauptes vermochte das Rotwild in offener Landschaft Gefahren bereits auf weite Entfernungen zu eräugen.

Der niedrige, gedrungene Körperbau des Schwarzwildes dagegen weist auf den Bewohner dichter Wald-, Busch- und Sumpflandschaften hin. Auffallend sein tiefgetragenes, langgestrecktes, massiges Haupt sowie der überaus starke Hals, der in voller Breite in den Rumpf übergeht. Die Körpermasse ist weit mehr nach vorn verlagert als beim Rotwild. Der nahtlose Übergang von Haupt, Hals und Rumpf und die Verlagerung der Körpermasse nach vorn haben sicherlich die bei Sauen nicht seltenen Hals- und Gebrechschüsse zur Folge.

Die Wirbelsäule, insbesondere die Brustwirbel mit den auffallend langen Dornfortsätzen, ist erheblich tiefer gelagert als beim Rotwild. Darum beim Schwarzwild auch die relativ häufigen Krellschüsse.

Unverständlich die manchmal zu hörende Empfehlung, beim Schuß auf

Schwarzwild hinter die Teller zu halten, also dorthin, wo die starken Nackenmuskeln liegen. Gleichfalls ist beim Rotwild von dem Schuß auf den Träger abzuraten. Denn auch hier liegen über den im Verhältnis zur Stärke des Trägers relativ schmalen Halswirbeln starke Muskelpartien. Treffer dieser Art haben lange schwierige Nachsuchen zur Folge, die zumeist erfolglos abgebrochen werden müssen.

Der Schweißhundführer nehme darum jede Gelegenheit wahr, um die Jägerei auf die Gefahren, ja sogar auf den Unsinn solcher Schüsse hinzuweisen.

Zu den Pürschzeichen gehören:

1. Das Zeichnen im Schuß und das Verhalten des beschossenen Wildes nach dem Schuß
2. Eingriffe und Ausrisse
3. Schnitthaar, Schnittborsten
4. Schweiß
5. Knochensplitter, Mark, Wildpretstücke u. a.

v. Raesfeld rechnet auch den Kugelschlag zu den Pürschzeichen. Heute bei den modernen Geschossen mit den außerordentlich hohen Anfangsgeschwindigkeiten ist der Kugelschlag besonders bei kurzen Schußentfernungen selten oder nur sehr schwer zu hören. Zum anderen kann der Schütze durch den Aufschlag des den Wildkörper fehlenden Geschosses auf einen Stein oder morschen Stubben leicht getäuscht werden. Wir Schweißhundführer dürfen daher den Angaben des Schützen über den Kugelschlag keine große Bedeutung beimessen. Wir brauchen deshalb hierauf nicht näher einzugehen.

Sehr wichtig ist dagegen das Zeichnen im Schuß. Es ist das die eigentümliche

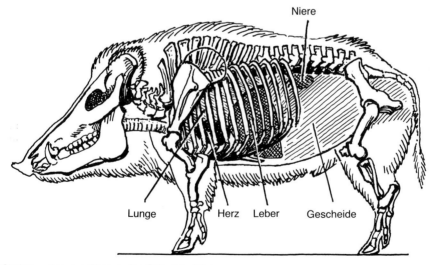

Skelett und innere Organe des Schwarzwildes.
Zeichnung: Fritz Laube (aus Heck/Raschke, ,,Die Wildsauen")

47

Reaktion des Wildkörpers im Augenblick des Auftreffens des Geschosses. Häufig wird auch gesagt: das Stück hat die Kugel quittiert. Diese Bewegung des Wildkörpers kann nur wahrgenommen werden, wenn man gelernt hat, „durch den Schuß" zu sehen. Einige Jäger können das nicht. Vom Schweißhundführer nach dem Zeichnen des beschossenen Wildes befragt, wird von ihnen das Verhalten des Wildes nach dem Schuß angegeben. Von uns Schweißhundführern muß daher die Frage nach dem Zeichnen sehr präzise erfolgen. Die Bewegungen des Wildes nach dem Schuß sind für die Beurteilung des Kugelsitzes zwar von Bedeutung, aber doch von geringerem Wert. In einigen Fällen können sie sogar irreführend sein. Doch immerhin: auch das Verhalten nach dem Schuß, wie zum Beispiel das Verhoffen, der schlenkernde Lauf, der krumme Rücken oder der gestreckte Wedel, gibt dem Schweißhundführer wichtige Aufschlüsse.

Im allgemeinen zeichnet alles Schalenwild recht deutlich und auch ziemlich gleichmäßig, wenn es auf der Einzeljagd normal stehend beschossen wird. Auf Drückjagden beunruhigtes und flüchtiges Wild zeichnet schlecht. Auch weicht sein Verhalten nach dem Schuß stark von den allgemeinen Regeln ab. Das Schwarzwild nimmt eine Sonderstellung ein. Bei dieser Wildart ist das Zeichnen fast immer schwer zu beobachten. Dagegen muß das gar nicht so seltene Klagen des getroffenen Schwarzwildes auch als ein Pürschzeichen angesehen werden. Geringe Sauen – Frischlinge und Überläufer – klagen sogar recht häufig auf den Schuß hin. Aber auch bei starken Sauen kann das Klagen vernommen werden.

Das Zeichnen im Schuß und das Verhalten des beschossenen Wildes nach dem Schuß

Blattschuß

Bei einem hohen Blattschuß, wenn die Wirbelsäule verletzt ist oder zumindest einen starken Schock erhalten hat, bricht das Wild schlagartig im Feuer zusammen. Ähnlich wie wir es beim Krellschuß noch kennenlernen werden, kann das Wild dann wieder auf die Läufe kommen und flüchtig werden. Bei Blattschüssen, die etwas zu weit vorn sitzen und beide Oberarmknochen zerschlagen haben, bricht das Wild ebenfalls im Feuer zusammen, aber nicht so schlagartig wie beim hohen Blattschuß, der die Wirbelsäule verletzte. Es kann auch nicht mehr auf die Läufe kommen. Bei einem mittleren Blattschuß bricht das Wild nur dann im Feuer zusammen, wenn die Aorta – die Hauptschlagader, die alle anderen Schlagadern versorgt – dicht über dem Herz abgeschossen und somit der gesamte Kreislauf jäh unterbrochen wird. Das Wild verendet sehr schnell.

Bei allen anderen mittleren oder auch tiefen Blattschüssen zeichnet das Wild durch eine mehr oder wenige hohe Flucht. Auch das Ausschlagen der Hinterläufe ist bei diesen Blattschüssen wiederholt beobachtet worden.

Nicht die hohe Flucht ist, wie häufig angenommen wird, das typische Zeichnen bei einem Blattschuß, sondern die anschließende stürmische Flucht mit zur

Erde gesenktem Haupt, blindlings dabei an Bäume und Sträucher anprallend, bis zum Zusammenbrechen in der Flucht. Sauen pflügen mit dem Gebrech dabei manchmal förmlich den Boden auf.

Bei Brustkernschüssen zeichnet das Wild meist mit einer sehr hohen Flucht und geht flüchtig oder auch nur trollend wie gesund ab. Derartige Schüsse können je nachdem, ob das Geschoß in die Kammer eingedrungen ist oder nicht, mehr oder weniger schwierige Nachsuchen ergeben.

Laufschuß

a. *Vorderlaufschüsse.* Bei tiefem Vorderlaufschuß knickt das Wild nach der Seite ein, an der ihm die Stütze fortgerissen ist. Es wird sofort flüchtig. Der zerschossene Lauf schlenkert. Bei einem hohen Vorderlaufschuß zeichnet das Wild wie beim tiefen Blattschuß mit einer hohen Flucht und knickt meist dann vorn zusammen. In der Flucht schleppt der zerschossene Lauf.

b. *Hinterlaufschüsse.* Das Zeichnen erfolgt wie bei Vorderlaufschüssen, allerdings entfällt die hohe Flucht. Bei hohen Hinterlaufschüssen knickt das Wild manchmal so stark ein, daß es mit der Hinterhand zu Boden kommt.

Bei allen Laufschüssen kann der Laufknochen durch das Geschoß nur angeschlagen worden sein. Er hält also noch zusammen. In diesen Fällen entfällt das Einknicken, Schlenkern usw. Das beschossene Wild schont den verletzten Lauf. Der kann nach den ersten Fluchten, beim Überfallen eines Hindernisses, manchmal aber auch erst bei einer scharfen Hetze im Verlauf einer Nachsuche, endgültig brechen.

Äser-, Gebrech- und Kopfschüsse

Bei schweren Schüssen dieser Art, wenn also der Schuß im Oberkiefer nicht weit von wichtigen Nervenzentren sitzt, bricht das Wild schlagartig zusammen. Sobald es wieder auf den Läufen ist, wird es flüchtig. Rotwild schüttelt dabei das Haupt, verhofft häufig recht bald und legt dabei müde das Haupt auf die Kruppe. Auch Schwarzwild bricht bei schweren Kopfschüssen zusammen, wird taumelnd wieder hoch und pflügt mit dem Gebrech den Boden. Flüchtiges Schwarzwild kann bei Gebrechschüssen rollieren. Sind beide Unterkieferäste zerschossen, so klappt der Unterkiefer herunter. Das getroffene Wild geht sofort hochflüchtig ab.

Krellschuß

Bei allen Krellschüssen bricht das Wild wie vom Blitz getroffen im Feuer zusammen. Je nach der Schwere der Verletzung eines Dornfortsatzes oder der Schwere des Schocks auf die Wirbelsäule liegt das Wild mehr oder weniger lange regungslos auf dem Anschuß. Es wird dann, zunächst heftig mit den Läufen schlagend, wieder hoch, um sofort flüchtig abzugehen, zuerst noch mit unsicheren Schritten, bei schweren Krellschüssen sogar die Hinterläufe nachschleppend, stets aber immer sicherer auf den Läufen werdend. Stärke und Länge der Schockwirkung hängen nicht allein von der Schwere der Verletzung,

Rotwild-Winterhaar eines mittelalten Hirsches

Faustregel: Das stärkste, dichteste und häufig auch längste Haar finden wir an den oberen Körperpartien des Wildes, dagegen das schwächere, weichere und meist auch kürzere an den unteren Körperteilen.

1. *Träger,* hoch
   Form: Sehr lang, derb, im Querschnitt rund, ganz leicht gerippt bis glatt.
   Farbe: Unterschaft dunkelbraun bis schwarz, Mittelschaft oder Band braunrot bis fahlbraun, kleine dunkle Spitze.

2. *Rumpf,* Mitte
   Form: Sehr derb und kräftig, stark gerippt, häufig rund, vereinzelt auch platt.
   Farbe: Unterschaft grau, Band gelb/braun, dunkle Spitze.

3. *Rumpf,* waidwund tief
   Form: Weniger derb, gerippt, runder Querschnitt, häufig aber auch platt.
   Farbe: Unter- und Mittelschaft weiß bis grauweiß, zur Spitze hin gelblich/braun, Spitze dunkel.

4. *Brustkern,* auch *Vorderlauf,* hoch innen
   Form: Dünn, weich, glatt, nicht gerippt.
   Farbe: Schaft bis einschließlich Spitze hellgrau/gelblich.

5. *Vorderlauf,* hoch außen
   Form: Kurz, leicht gerippt, rund.
   Farbe: Unterschaft grau, Band braun, Spitze dunkel.

6. *Lauf,* tief
   Form: Sehr kurz, derb, glatt, nicht gerippt (meist anhaftende Deckenfetzen).
   Farbe: Der ganze Schaft dunkel grau/braun, Spitze etwas heller.

7. *Keule,* Mitte
   Form: Sehr derb, schwach gerippt, häufig platt, vereinzelt auch rund.
   Farbe: Unterschaft grau, Band bis einschließlich Spitze fahlgelb bis braun.

8. *Brunftfleck,* waidwund tief
   Form: Mittellang, derb, gerippt. Querschnitt rund und auch platt.
   Farbe: Unterschaft weiß bis grau, Band dunkelbraun, zur Spitze schwarz übergehend.

9. *Hinterlauf,* hoch innen, auch tief waidwund hinten
   Form: Sehr unterschiedlich lang, sehr weich und fein, glatt, nicht gerippt.
   Farbe: Von der Wurzel bis zur Spitze weißlich/grau, auch grau/gelblich.

Schwarzwild-Winterborsten eines Überläufers

Faustregel: Am stärksten und längsten sind die Borsten oben am Wildkörper, schwächer, weicher und auch spärlicher an den unteren Körperteilen.

1. *Rücken,* die „Federn"
   Form: Bis 100 mm und länger, sehr drahtig und sehr stark, Spitze immer gespalten, meist mehrmals aufgespalten.
   Farbe: Schaft schwarz, Spitze dunkel grau/braun.

2. *Rumpf,* Mitte
   Form: Länge 50 bis 70 mm, derb, drahtig, Spitze häufig gespalten, meist nur einmal.
   Farbe: Schaft schwarz, Spitze leicht grau/braun.
   Unterwolle: Weißgrau und auch braun.

3. *Rumpf,* waidwund tief
   Form: Sehr unterschiedlich in Länge und Stärke, vereinzelt drahtig, meist weiche, feine, haarähnliche Borsten.
   Farbe: Meist weiß und grau, vereinzelt schwarz mit gelber bis weißer Spitze.
   Unterwolle: Dicht, weiß, weißgrau und auch braun.

4. *Halsansatz/Haupt,* Unterseite (manchmal als „Schmuck" oder „Kragen" bezeichnet)
   Form: Mittellang 70 bis 80 mm, drahtig.
   Farbe: Schaft meist ab Mitte bis Spitze weiß/gelb und auch Unterschaft schwarz, dann weiß und die Spitze wiederum schwarz. Der ganze Schaft kann aber auch bis einschließlich Spitze schwarz sein.

5. *Vorderlauf,* hoch außen
   Form: Länge bis 100 mm, nicht sehr derb und drahtig, meist spitz, vereinzelt gespalten.
   Farbe: Meist bis einschließlich Spitze schwarz, aber auch mit mehr oder weniger hellen Spitzen.

6. *Hinterlauf,* innen, auch tief waidwund hinten
   Form: Unterschiedlich lang, sehr weich, ganz vereinzelt drahtig.
   Farbe: Meist weiß, weißgrau, einzelne Borsten auch schwarz.
   Unterwolle: Spärlich, grau/weiß

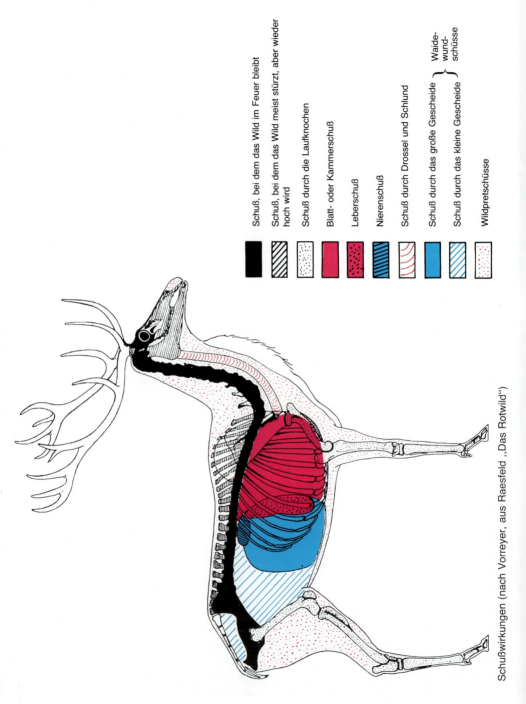

Schuß, bei dem das das Wild im Feuer bleibt

Schuß, bei dem das das Wild meist stürzt, aber wieder hoch wird

Schuß durch die Laufknochen

Blatt- oder Kammerschuß

Leberschuß

Nierenschuß

Schuß durch Drossel und Schlund

Schuß durch das große Gescheide ⎫
Schuß durch das kleine Gescheide ⎭ Waidewundschüsse

Wildpretschüsse

Schußwirkungen (nach Vorreyer, aus Raesfeld „Das Rotwild")

sondern auch im hohen Maß vom Geschoß ab. So kann z. B. ein Flintenlaufgeschoß einen Dornfortsatz schwer verletzen, ohne das das Wild merklich zeichnet, geschweige im Feuer zusammenbricht.

Halsschuß

Beim Trägerschuß kann das Wild eine ganz ähnliche Reaktion wie bei einem Krellschuß zeigen. Es geht wie gesund ab, sobald es wieder auf den Läufen ist. Ebenso verhält sich das Wild bei solchen Trägerschüssen, die es nicht im Feuer zusammenbrechen lassen. Häufig ist während der Flucht ein Schütteln des Hauptes zu beobachten.

Leberschuß

Beim hohen Leberschuß zeichnet das Wild wenig, es ruckt im Schuß krampfhaft zusammen. Die Fluchten werden bald langsamer und kürzer. Der Wildkörper erscheint verkürzt. Bei einem tiefen Leberschuß zeichnet das Wild ähnlich wie beim tiefen Blattschuß durch eine hohe Flucht, manchmal geht es mit allen vier Läufen hoch, beim Flüchtigwerden senkt es allerdings nicht den Windfang zum Boden.

Waidwundschuß

Beim Schuß durch den Pansen ist das Zusammenrucken im Schuß noch schwächer als beim hohen Leberschuß. Die Fluchten sind kaum von denen eines gesunden Stückes zu unterscheiden. Bei Schüssen durch das kleine Gescheide schlägt das Wild recht häufig mit den Hinterläufen aus, und zwar um so heftiger und höher, je tiefer und weiter hinten der Schuß sitzt. Die Fluchten werden langsamer, und bald trollt oder zieht es häufig mit etwas gekrümmten Rücken weiter.

Nierenschüsse

Diese Schüsse lassen das Wild fast immer zusammenbrechen. Es wird aber meist sofort wieder hoch, um mit ausgestrecktem, zitterndem Wedel langsam fortzuflüchten oder oft gar nur fortzuziehen.

Wildpretschüsse

Vielfach ist bei Wildpretschüssen kaum ein Zeichnen zu beobachten. In der Regel weicht das Wild dem Geschoß oder besser dem Schmerz aus. Bei Streifschüssen auf dem Rücken duckt es sich, einen Streifschuß am Brustkern oder am hohen Vorderlauf quittiert es durch eine hohe Flucht. Wird der Trägeransatz gestreift, weicht es mit dem ganzen Körper zurück. Flüchtig geworden, geht es wie gesund ab. Wenn ein Lauf gestreift ist, schont es ihn.

Fehlschüsse

Im allgemeinen zeichnet vorbeigeschossenes Wild nicht, sondern bleibt, wenn es vor dem Schuß den Schützen nicht wahrgenommen hat, oft noch einen

Augenblick stehen. Flüchtig geworden, verhofft es häufig bald wieder, um zurückzusichern. Schreckt das beschossene Stück nach oder während des Abspringens gar noch, so ist mit größter Wahrscheinlichkeit die Bestätigung für einen Fehlschuß gegeben. Jedoch zeichnen auch vorbeigeschossene Stücke mitunter sehr deutlich. Besonders dann, wenn Erdteilchen oder Steinsplitter, die durch den Geschoßeinschlag hochgeschleudert wurden, das Wild treffen. Aber auch durch den Geschoßknall erschreckt, kann das Wild merklich zusammenrucken. Oft folgt dann die bekannte „Schreckflucht", die den unerfahrenen Schützen guter Hoffnung sein läßt.

Das Verhalten des kranken Wildes nach dem Schuß

Das Verhalten des beschossenen Wildes unmittelbar nach dem Schuß, insbesondere soweit der Schütze dies noch beobachten kann, ist bereits bei den verschiedenartigen Treffern behandelt worden. Allgemein ist dazu noch zu sagen: es ist, wie bereits beim Zeichnen des Wildes ausgeführt, von großer Bedeutung, ob auf der Drückjagd beunruhigtes Wild beschossen worden ist oder vertrautes Wild auf der Einzeljagd. Auf der Einzeljagd angeschweißtes Wild, vorausgesetzt der Schütze hat sich nach dem Schuß richtig verhalten, zieht im allgemeinen gar nicht so sehr weit. Falls es nicht beunruhigt wird, tut es sich bald nieder. Dies gilt für alle Wildarten, nur im beschränkten Umfang allerdings für Schwarzwild. Ebenso trifft dies für alle Schüsse zu, auch für Laufschüsse! Eine Ausnahme scheinen Äser- und Gebrechschüsse zu machen. Denn mit diesen Schüssen zieht das Wild fast immer sehr weit umher.

Selbstverständlich ist es von verschiedenen Faktoren abhängig, wie weit angeschweißtes Wild zieht. Ist es zum Beispiel morgens beschossen worden, so nimmt es in der Regel die nächste, einigermaßen geeignete Deckung an, um sich dort einzustellen oder einzuschieben; ohne Not wird es diese bei Tageslicht kaum verlassen. Abends beschossen, kann es dagegen durchaus im Schutz der Dunkelheit aus irgendwelchen Gründen die zuerst angenommene Deckung verlassen, sei es, um gesundem Wild zu folgen, oder um eine andere Deckung oder eine Suhle des Wassers wegen aufzusuchen.

Wurde das Wild in einem Rudel oder einer Rotte beschossen, so sondert sich das kranke Stück meist recht bald ab. Kälber versuchen allerdings sehr lange, dem Rudel beziehungsweise der Mutter zu folgen. Ähnlich verhalten sich Frischlinge. Bei kranken Sauen kann man beobachten, daß sie sich anfangs zwar bald von der Rotte absondern, aber es kommt gar nicht selten vor, daß sie doch wieder zur Rotte stoßen und sich ganz in der Nähe der Rotte einschieben, manchmal sogar in denselben Kessel. Einigemal habe ich es nicht nur bei angeschweißten Frischlingen erlebt, daß sie verendet zusammen mit gesunden Sauen im gleichen Kessel lagen. Die weitverbreitete Meinung, schwerkrankes Wild sondere sich immer vom Rudel oder von der Rotte ab, darf den Schweißhundführer daher nicht dazu verleiten, die Nachsuche vorzeitig abzubrechen. Ebenfalls trifft nicht immer die Behauptung zu, Wild mit guten tödlichen Schüssen mache die ersten Fluchten stets vorwärts. Das ist wohl meist der Fall, aber aus dem entgegengesetzten Verhalten darf der Schütze keinesfalls auf einen Fehlschuß schließen.

Auf noch einige weitere Eigenarten kranken Wildes, die für den Schweißhundführer aufschlußreich und vor allem dann von Bedeutung sind, wenn er auf der Wundfährte keine weiteren Pürschzeichen findet, will ich an dieser Stelle hinweisen. So zieht zum Beispiel laufkrankes Wild gern aus verständlichen Gründen auf bequemen Wegen und Wechseln. Und einem Stück mit verletztem Vorderlauf fällt es leichter, bergauf als bergab zu ziehen. Denn der zerschossene Vorderlauf kann hangabwärts das Körpergewicht schlecht auffangen, wohl aber können die intakten Hinterläufe den Wildkörper mühelos hangaufwärts schieben. Bei Hetzen allerdings, wenn also das Stück in Not ist, flüchtet ein Stück auch mit Vorderlaufschuß bergab. Auf horizontal an steileren Hängen verlaufenden Wechseln zieht laufkrankes Wild immer so, daß die gesunden Läufe an der Bergseite sind. Das zu wissen, kann für das Vorstellen bzw. Abriegeln durch an der Nachsuche teilnehmende Jäger von Bedeutung sein. Mit einem schlenkernden Lauf nimmt das Wild sehr ungern dichte Einstände an. Kommt es bei diesen Verletzungen zu einer Hetze, so verläßt das kranke Stück sehr schnell seinen dichten Einstand und flüchtet ins Freie.

Durch Haken und Widergänge versucht krankes Wild instinktiv, einen eventuellen Verfolger zu verwirren und abzuschütteln. Widergänge können bis zu mehreren hundert Meter lang sein. Der Abgang eines Widerganges erfolgt sehr oft mit dem Wind. Stets ist dies der Fall, wenn das angeschweißte Stück mit dem Widergang in das Wundbett bzw. in den Wundkessel gehen will. Denn so bekommt es frühzeitig von seinem Verfolger Wind.

Findet der Schweißhundführer auf der Wundfährte einer kranken Sau frisch aufgeworfene Stellen, so weiß er, daß das Stück schwerkrank ist. Sobald jetzt ein Widergang mit einem Abgang oder auch nur ein scharfer Haken mit dem Wind folgt, so muß er mit Sicherheit rechnen, daß er sich kurz vor dem Wundkessel der kranken Sau befindet.

Und ebenso sicher hat die Sau auch bereits Wind von ihm bekommen. Jeden Augenblick kann sie jetzt ihn oder seinen Hund annehmen. Schwerkranke Sauen, wenn sie nur noch beweglich genug sind, nehmen recht häufig an. Alter oder Stärke spielen bei diesem wehrhaften Wild dabei keine Rolle. Frischlinge greifen in der Not genauso an wie starke Keiler oder Bachen. Vor allem letztere können durch Bisse Hund oder Führer üble Verletzungen beibringen. Ganz selten nehmen Sauen mit einem Gebrechschuß an, auch stellen diese sich bei der Hetze sehr ungern. Im allgemeinen ist zum Stellen zu sagen, daß ältere und stärkere Stücke sich auch bei leichteren Verletzungen viel früher dem Hund stellen als jüngere und geringere.

Eingriffe und Ausrisse

Das von der Kugel getroffene Stück, vor Schreck und Schmerz heftig zusammenfahrend, macht eine stärkere Flucht, als es beim gewöhnlichen Flüchtigwerden der Fall ist. Bei dem heftigen Absetzen greifen seine Schalen tief in den Boden und reißen dabei Grasteile, Laub, Steine, Erde heraus. Die tiefen Abdrücke der Schalen sind die Eingriffe, die herausgerissenen Teile der Bodendeckung die Ausrisse. Auch auf der weiteren Fluchtfährte des kranken Wildes fällt dem geübten Auge des Schweißhundführers ein deutlich sichtbarer Unterschied zu den Fluchtfährten gesunden Wildes auf. Die Schaleneingriffe sind stärker, das gesamte Fährtenbild wirkt unregelmäßiger und schwerfälliger.

Schnitthaar

Von allen Pürschzeichen ist für den Schweißhundführer das Schnitthaar zweifellos das wichtigste. Hat er auf dem Anschuß auch nur ein einziges Schnitthaar gefunden, so weiß er: Das Stück muß die Kugel haben! Gleichgültig, ob Schweiß zu finden ist oder nicht. Mit dem Auffinden dieses einen Schnitthaares ist die Nachsuche bereits auf eine feste Grundlage gestellt. Sobald das Geschoß den Körper getroffen hat, hat es auch Haar aus der Decke oder Schwarte gerissen oder abgeschnitten. Theoretisch muß also immer am Anschuß Schnitthaar aufzufinden sein, unabhängig davon, ob ein Ausschuß vorhanden und welcher Körperteil getroffen ist. Die Menge des Schnitthaares hängt vom Sitz der Kugel, von der Stellung des Wildes, vom Kaliber des Geschosses und von der Jahreszeit ab. Dichtes, langes Winterhaar liefert weit mehr Schnitthaar als das kurze Sommerhaar, ebenfalls ergeben Streifschüsse sehr viel Schnitthaar. Allerdings gibt es auch Situationen, wo beim besten Willen auf dem Anschuß kein Schnitthaar zu finden ist. Daraus darf aber der Schweißhundführer nicht voreilig auf einen Fehlschuß schließen!

Das aufgefundene Schnitthaar läßt in den meisten Fällen mit einiger Sicherheit Rückschlüsse auf den Sitz der Kugel zu. Diese Beurteilung setzt allerdings Erfahrung voraus. Zunächst muß man ein Schnitthaar von einem Wurzelhaar unterscheiden können. An dem einzelnen Wildhaar erkennen wir deutlich das kleine farblose Würzelchen und den Schaft. Die etwa nur einen Millimeter lange Wurzel ist auch auffallend schwächer als der meist wellenförmig geformte – gerippt nennt das der Jäger – Schaft. Nach Form und Farbe teilt sich der Schaft in den hellen, grauen Unterschaft, in den die eigentliche Wildfarbe zeigenden Mittelschaft – das Band – und in den Oberschaft – die Spitze. Mittelschaft und Spitze geben dem Wild die für den jeweiligen Körperteil typische Färbung. So bewirkt die dunkle bis schwarze Haarspitze beim Rotwild den dunklen Aalstrich

Einzelhaar. a–b Wurzel, b–d Schaft, b–e Unterschaft, e–c Band oder Mittelschaft, c–d Spitze oder Oberschaft

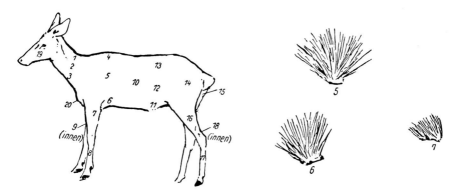

Schnitthaarbuch. Schematische Darstellung des Wildkörpers mit Zahlenangaben und einge-
klebte Haare

auf dem Rücken. Wurzelhaar ist also leicht an dem kleinen farblosen Würzelchen zu erkennen.

In allen Rotwildrevieren liegt recht viel Wurzelhaar herum. Auch auf dem
Anschuß ist eigentlich immer Wurzelhaar zu finden. Einmal wird durch das
Geschoß auch Wurzelhaar mit herausgerissen, sodann fällt bei dem ruckartigen
Zeichnen des Wildes und bei der ersten heftigen Flucht – auch bei der Schreckflucht – lose in der Decke hängendes Wurzelhaar zu Boden. Schnitthaar
dagegen ist ohne Wurzel und vom Geschoß mehr oder weniger lang zerschnit-
ten worden. Der auf den Wildkörper auftreffende Geschoßkopf kann sogar
Haare völlig zermalmen und zerstampfen. Nur allein das Schnitthaar gibt uns
also Aufschluß über den Sitz des Geschosses. Dabei müssen wir den farbigen
Teilen des Mittelschaftes und der Spitze eine wesentlich größere Bedeutung
beimessen als den hellen grauen Schnitthaarteilen des Unterschaftes. Das Haar
des Wildes weist an einzelnen Körperstellen nach Ausformung und Farbe
außerordentlich starke Unterschiede auf. Das gilt aber nur für ganz bestimmte
Körperstellen; das weniger markante Haar zu bestimmen, ist schwierig und
verlangt vom Jäger ein hohes Maß an Können.

Als Faustregel zur Bestimmung des Haares sei gesagt: bei jeder Wildart ist
das Haar beziehungsweise sind die Borsten auf den oberen Körperpartien am
stärksten, längsten und dichtesten, da es diesen Körperteilen, die den Witterungseinflüssen am stärksten ausgesetzt sind, ausreichend Schutz bieten muß.
Bereits an den mittleren Körperteilen ist das Haar weniger stark und lang, aber
immer noch harsch und derb. Das schwächste, dünnste und beim Rotwild auch
sehr weiche Haar finden wir an der Körperunterseite, und zwar an der Innenseite
zwischen den Läufen. Dort ist das Haar auch nicht gerippt, sondern glatt.
Zwischen den Vorderläufen sind diese mitunter sehr langen Haare meist grau
bis weiß gefärbt, zwischen den Hinterläufen zeigen sie bei ähnlicher Ausformung
häufig eine weiße Farbe. An den Läufen selbst ist das Haar – besonders an den
Außenseiten – derb und harsch, und je tiefer an den Läufen, desto kürzer wird

das Haar. Ähnlich kurzes Haar ist nur noch am Haupt des Rotwildes zu finden. Neben Form und Farbe gibt auch der Querschnitt des Haares dem Schweißhundführer wichtige Hinweise. Im allgemeinen weist das Haar einen runden Querschnitt auf. An einigen Körperstellen ist aber auch mehr oder weniger plattes Haar vorzufinden. Weist das Haar einen sehr platten Querschnitt auf, so ist das leicht mit dem Auge zu erkennen. Man kann auch den Querschnitt durch Drehen zwischen den Fingern überprüfen. Rundes Haar läßt sich leicht und ohne Widerstand zwischen den Fingern hin und her drehen; plattes dagegen nur schwer oder auch gar nicht. Es stimmt nicht ganz, wenn behauptet wird, diese platte Form des Haares sei nur auf der Keule anzutreffen – wie es u. a. auch der Knittelvers sagt: ,,platt und ohne Beule, findest du es auf der Keule". Nach meinen Beobachtungen ist plattes Haar an den unteren Rumpfteilen zu finden, und zwar von dem hinteren, unteren Teil des Blattes an über die untere Bauchseite bis zum unteren Teil der Keule. Hier allerdings konzentrierter als in den genannten vorderen Rumpfpartien. Es sieht so aus, als ob plattes Haar an den Rumpfteilen zu finden ist, auf denen das Wild im Bett sitzt. Durch das plattgeformte Haar allein kann daher der Schweißhundführer nicht mit Sicherheit den genauen Sitz der Kugel angeben, besonders darf er auf keinen Fall einen anderen als den Keulenschuß ausschließen.

Das Haar des Rotwildes ist in Form und Färbung so verschiedenartig, daß der Jäger in der Praxis eine große Anzahl von Haarsorten zu bestimmen hat: Hirsch, Tier, Kalb, Sommer- oder Winterdecke – dazu die verschiedenen Körperstellen! Es würde den Rahmen dieser Anleitung sprengen, auf diese Vielzahl von Haarsorten näher einzugehen. Die Kunst, an Hand des Schnitthaares den Sitz der Kugel zu bestimmen, kann nur durch fleißige praktische Übungen erworben und beherrscht werden. Darüber hinaus aber muß der Schweißhundführer auch die Haare anderer Wildarten bestimmen können!

Denn bei den Nachsuchen ist es durchaus nicht immer klar, worauf der Schütze geschossen hat! Verwechslungen von Alttier, Schmaltier oder Kalb sind noch harmlos. In den jährlichen Leistungsberichten der Führer Hannoverscher Schweißhunde werden in dieser Beziehung die merkwürdigsten Vorgänge geschildert. Statt eines angeblich beschossenen Stück Kahlwildes kommen eine Ricke oder ein Rehbock zur Strecke, ja, sogar Haustiere werden auf der Weide beschossen. Das tollste war wohl, daß ein Schweißhundführer über 100 km zur Nachsuche auf einen Keiler gerufen wird und einen einwandfrei mit der Kugel des Schützen angeschweißten Fuchs zur Strecke bringt! Mit der Unerfahrenheit, dem Wunschdenken und leider auch mit einer großen Leichtfertigkeit, mit der einige Jäger die Jagd ausüben, muß auch bei der Untersuchung des Schnitthaares der Schweißhundführer nun einmal rechnen. Ich kann daher dem jungen Hundeführer nur dringend raten, jede sich bietende Gelegenheit, sein Wissen zu erweitern, intensiv zu nutzen. Ein gutes Mittel zur Einübung und zur ständigen Selbstkontrolle ist eine Haarsammlung – das Schnitthaarbuch.

Ohne nennenswerte Kosten kann sich jeder ein Schnitthaarbuch selbst anfertigen. Von der Decke eines Hirsches (Sommer und Winter), eines Schmaltieres (ebenfalls Sommer und Winter) und eines Kalbes (Winter) schneidet man an 12 bis 14 verschiedenen Körperstellen dicht an der Decke mit einer Schere Haare ab. Die Decke des erlegten Stückes kann dabei unbeschädigt bleiben. Die herausgeschnittenen Haarproben werden mit einem durchsichtigen Klebestreifen in ein selbstgefertigtes, handliches Heft geklebt, so daß es bequem bei allen Nachsuchen mitgeführt werden kann. Auf der letzten Seite des Schnitthaarbuches zeichne man die Umrisse eines Hirsches bzw. eines Stücks Kahlwildes – eine einfache Aufgabe, da künstlerische Formgebung nicht erforderlich ist! Zahlen bezeichnen die Stellen, wo die einzelnen Haarproben entnommen sind. Und mit den entsprechenden Zahlen werden die eingeklebten Haarproben bezeichnet. Man beklebt nur eine Seite dieses Buches, um ein Abbrechen der Haare zu verhindern. Dieses selbstangefertigte Schnitthaarbuch gehört zur beschriebenen Ausrüstung, insbesondere des jungen Schweißhundführers.

Sobald der Schweißhundführer Schnitthaar auf dem Anschuß gefunden hat, versucht er es ohne Hilfe zu bestimmen. Erst anschließend vergleicht er mit dem Buch. Da unter jeder Haarsorte nur eine Zahl, nicht aber die Körperstelle steht, ist man beim Vergleich völlig unbeeinflußt. Hat man diese Übungen einige Male durchgeführt und dabei die Selbstkontrolle nicht vergessen, wird es gar nicht so lange dauern, bis man auch ohne Hilfe mit einiger Sicherheit das Schnitthaar richtig ansprechen kann. Durch theoretische Erklärungen, selbst unter Zuhilfenahme von Abbildungen, wird das kaum so gut und schnell zu erreichen sein.

Beim Schwarzwild sind die vorgefundenen Schnitthaare – Schnittborsten – nicht annähernd so sicher anzusprechen. Allerdings trifft auch für das Schwarzwild die allgemeine Regel zu: am stärksten und längsten sind die Borsten oben am Wildkörper, dagegen schwächer, weicher und auch spärlicher an den unteren Körperteilen. An der Winterschwarte sind die Borsten lang und dunkel; Unterwolle wird, außer an den Läufen, an fast allen Körperstellen gefunden, selbst an der Bauchseite, wenn hier auch nur spärlich. Dort stehen die Borsten sehr dünn. Sie sind in ihrer Ausformung wesentlich schwächer und weicher als am übrigen Körper; meist sind sie auch heller gefärbt, insbesondere zwischen den Hinter- und Vorderläufen. Die langen, drahtigen Rückenborsten – die Federn – sind an der Spitze immer, meistens sogar mehrfach gespalten. Einzelne gespaltene Borsten finden sich aber über den ganzen Körper verteilt, vor allem die langen Borsten an der Rückseite der Vorderläufe. Sie sind allerdings nicht so drahtig, lang und stark wie die Federn. Daraus ergibt sich die Lehre: Einzelne lange, dunkle, gespaltene Borsten auf dem Anschuß sind nicht unbedingt ein sicheres Zeichen für Rücken- oder Rückenstreifschuß!

Die Sommerschwarte enthält kurze graue Borsten. Unterwolle fehlt fast gänzlich. Die kurzen grauen Borsten weisen geringe Unterscheidungsmerkmale auf und sind auf dem Anschuß sehr schwer zu finden. Aufgefundene Sommerborsten sind äußerst schwer anzusprechen und haben daher eine geringe Aussagekraft.

Schweiß

Nächst dem Schnitthaar ist der Schweiß ein Pürschzeichen, das dem Jäger wichtige Hinweise geben kann. Auf dem Anschuß ist zwar dem Schnitthaar die größere Bedeutung beizumessen, im weiteren Verlauf der Wundfährte ist aber der Schweiß das bei weitem wichtigste Pürschzeichen. Aus Farbe, Beschaffenheit, Geruch, ja selbst aus dem Geschmack des Schweißes lassen sich Schlüsse auf den Sitz der Kugel ziehen.

Auf dem Anschuß selbst wird häufig recht wenig Schweiß zu finden sein. Meist sind es nur kleine Schweißspritzer, die von dem Geschoß aus dem Wildkörper herausgerissen worden sind. Diese kleinen Spritzer geben uns kaum einen Anhalt über die Herkunft des Schweißes. Bei schlechten Schüssen mit Wildpretverletzungen finden wir auf dem Anschuß den meisten Schweiß, der aber im weiteren Verlauf der Wundfährte immer weniger wird, um schließlich ganz aufzuhören. Dagegen ist bei guten Schüssen in der Regel erst nach einigen Fluchten Schweiß zu finden, der in der Folge eher zu- als abnimmt.

Die Stärke des Schweißverlustes hängt von dem getroffenen Organ, dem Körperteil und von dem benutzten Geschoß ab. Feist, Weißes oder Gescheide können den Schußkanal verstopfen, der Schweiß hört dann auch bei guten Schüssen wieder auf. Bei Laufschüssen, besonders wenn der zerschossene Lauf pendelt, liegt der Schweiß mitunter weit neben der Fährte. Durch den schlenkernden Lauf werden die verletzten Adern zeitweise abgeschnürt, streckenweise finden wir dann überhaupt keinen Schweiß, der plötzlich aber wieder stärker auftreten kann. Bei hochflüchtigem Wild ist ohnehin wenig Schweiß und dann nur in kleinen Spritzern neben der Fährte zu finden. Je langsamer die Flucht oder das Ziehen des Wildes, um so mehr Schweiß liegt in der Wundfährte. Bei hohen Schüssen fließt wenig Schweiß aus der Schußverletzung. Er sammelt sich in der Kammer bzw. in der Bauchhöhle, ein Teil aus dem Schußkanal herabrinnenden Schweißes wird zusätzlich in der Decke aufgefangen. Tiefe Schüsse ergeben dagegen mehr Schweiß, da mehr aus dem Körperinnern heraustreten kann und weniger vom Haar der Decke aufgefangen wird.

Auf hellem Untergrund, grünen Blättern und Gras und natürlich auch auf Schnee ist der Schweiß am besten zu sehen. Schnee verleitet die Jäger allzu häufig, krankem Wild auch bei weniger guten Schüssen weit zu folgen, um letzten Endes dem dann doch noch zu Hilfe gerufenen Schweißhundführer die Arbeit unnötig erschwert zu haben. Auf dunkler Nadelstreu, braunem Heidekraut, dürren Ästen usw. ist der Schweiß schwer zu erkennen. Beachten muß der Schweißhundführer, daß derselbe Schweiß auf verschiedenartigen Unterlagen eine unterschiedliche optische Wirkung auf den Betrachter ausüben kann.

Ein genaues Ansprechen des Schweißes ist nur möglich, wenn er nicht allzu lange Witterungseinflüssen ausgesetzt war. Bereits einige Stunden Sonnen- und Windeinwirkung trocknen ihn aus und geben ihm ein anderes Aussehen. Die Farbe hat sich verändert, Blasen- oder Schaumbildung ist kaum noch zu erkennen. Regen wäscht ihn ab, zumindest verwässert er ihn stark. Bei genauer

Untersuchung werden aber trotz Witterungseinflüssen fast immer andere, fremde Bestandteile im Schweiß zu erkennen sein wie z. B. Äsungsreste, Pansen- oder Gescheideinhalt, Wildpretteilchen, Knochensplitterchen oder Knochenmark.

Die folgende Beschreibung der verschiedenen Schweißarten trifft nur für den Schweiß zu, der nicht zu lange stärkeren Witterungseinflüssen ausgesetzt war.

Am häufigsten hat es der Nachsuchende mit dem Wildpretschweiß zu tun. Denn meist wird er bei Wildpretschüssen um Hilfe gebeten, seltener bei Kammer- oder schweren Weidwundschüssen, die meist viel Schweiß und nur kurze Suchen ergeben. Über die Farbe gerade des Wildpretschweißes finden wir in jagdlichen Lehrbüchern und Jagdklassikern unterschiedliche Angaben. Ja, ein und derselbe Autor gibt in einem Buch die Farbe des Wildpretschweißes als mittel- bis dunkelrot, in einem anderen als hellrot an. Nirgendwo habe ich aber bisher gelesen, daß dieser Schweiß von hellrot über mittelrot bis dunkelrot gefärbt sein kann. Und das entspricht der Praxis! Es kommt nämlich ganz darauf an, ob das Geschoß eine Arterie verletzt hat, also eine Ader, die hellrotes, mit Sauerstoff angereichertes Blut vom Herzen in die einzelnen Organe führt, oder eine Vene mit ihrem dunkelroten, kohlendioxydreichen Blut. Das sollte jeder Jäger wissen, um nicht Gefahr zu laufen, schon aus der Farbe des Wildpretschweißes falsche Schlüsse zu ziehen. Auch ist es nicht ganz zutreffend, wie ebenfalls nachzulesen ist, daß Wildpretschweiß keine Blasen aufweisen kann. Einige Male habe ich es bei zumeist längeren Nachsuchen erlebt, daß der bisher hellrot gefärbte Schweiß plötzlich Blasen aufwies, manchmal sogar schaumig wirkte, so daß Zweifel aufkamen, ob der Schuß nicht doch die Lunge oder Drossel verletzt hatte. Wahrscheinlich ist durch die Bewegung des Wildes bei dem hellroten, an sich schon mit Sauerstoff angereicherten Schweiß die Blasenbildung entstanden. Der Jäger kann hierdurch sehr leicht getäuscht werden. Mehrere Male bin ich zu Nachsuchen gerufen worden, selbst von alten erfahrenen Rotwildjägern, die den sauerstoffhaltigen, hellroten Schweiß mit Lungenschweiß verwechselt hatten und der starken, gut sichtbaren Schweißfährte folgten, bis plötzlich der Schweiß aufhörte. Meist ist in diesen Fällen auch behauptet worden, es lägen Lungenteilchen in der Wundfährte. Es müßte sich unbedingt um eine Totsuche handeln! Bei näherer Untersuchung ergaben aber dann die fraglichen Lungenteilchen keinesfalls feste Lungensubstanz. Sie waren nichts anderes als hellroter, geronnener Schweiß. Alle zur Strecke gekommenen Stücke wiesen hohe Laufschüsse auf, in keinem Fall waren Lunge oder Drossel mitverletzt worden.

Der Grund für die Verwechslung von Wildpretschweiß mit Lungenschweiß kann noch ein anderer sein. Bei Laufschüssen verhofft das beschossene Stück meist im Schutz der nächsten Deckung. Der der Fluchtfährte folgende Jäger findet eine hellrote Schweißlache, in der er kleine ,,Bläschen" erkennt. Nach seiner Meinung Lungenschweiß. Das beschossene Stück muß demnach in der Nähe längst verendet sein – und ist trotz aller Mühe nicht zu finden! Diese kleinen Bläschen entpuppen sich bei genauer Untersuchung als kleine weiße

Kügelchen ausgelaufenen Knochenmarkes. Als das beschossene Stück hier verhoffte, ist in die sich bildende Schweißlache aus dem zerschlagenen Laufknochen Knochenmark gelaufen. Das erkaltende Knochenmark gerinnt in dem hellroten Schweiß zu den erwähnten kleinen weißen Kügelchen, und es bedarf einer ganz intensiven Untersuchung, um diesen Wildpretschweiß von Lungenschweiß zu unterscheiden. Zerreibt man Schweiß, in den Knochenmark gelaufen ist, zwischen den Fingern, so fühlt er sich deutlich fettig an. Alle betroffenen Jäger waren von der Richtigkeit der von mir gestellten Prognose erst überzeugt, als das kranke Stück auch tatsächlich mit einem zerschossenen Lauf zur Strecke kam.

Lungenschweiß ist von hellroter Farbe, manchmal schaumig bis feinblasig, besonders wenn er aus dem Geäse ausgeblasen wird. Nicht nur blasiger Lungenschweiß kann ausgestoßen werden, sondern auch feste runde Schweißklumpen bis zur Größe eines Tennisballes, die dann weniger erfahrene Jäger viel über den Sitz des Schusses herumrätseln lassen. Lungenteilchen, manchmal hellorangerot gefärbt, lassen sich leicht von geronnenem Schweiß durch Zerreiben zwischen den Fingern unterscheiden. Handelt es sich um Lungenteilchen, so bleibt beim Zerreiben, wie auch bei Wildpretteilchen, eine faserige Substanz zurück, geronnener Schweiß dagegen läßt sich vollkommen zerreiben.

Ein Schuß durch das Geäse oder Gebrech ergibt schleimigen, wässerig wirkenden Schweiß. Der letzte Zweifel an einem Äserschuß wird dem nachhän-

---

Pürschzeichen nach dem Schuß

1. Frischer, blasiger Lungenschweiß.
2. Lungenschweiß teilweise bereits angetrocknet mit Lungensubstanz.
3. Lungenschweiß angetrocknet. Die Struktur – Bläschen – ist noch zu erkennen.
4. Wildpretschweiß mit hineingelaufenem Knochenmark. In dem fettig glänzenden Schweiß gerinnt oft das Knochenmark zu kleinen weißen Kügelchen. Bei nicht genauem Betrachten können die Kügelchen leicht mit Bläschen verwechselt werden. Infolgedessen wird dieser Schweiß häufig als Lungenschweiß angesprochen.
5. Leberschweiß.
6. Milzschweiß.
7. Ausgelaufenes Knochenmark.
8. Festes Knochenmark. Beim Zerreiben zwischen den Fingern bleibt keine Substanz – Fasern – zurück wie bei Weißem oder Feist.
9. Links: Weißes vom Gescheide, rechts: Weißes von der Schwarte mit Borstenteilen.
10. Panseninhalt mit unsauberem Waidwundschweiß.
11. Lauf: Poröser Splitter aus einem Gelenkkopf.
12. Lauf: Scharfkantiger Röhrenknochen mit einem kleinen Spritzer Wildpretschweiß, dessen Ausformung die Fluchtrichtung – hier nach rechts – anzeigt.
13. Knochensplitter von der Rippe. Anhaftende Wildpretteile.

genden Schweißhundführer genommen, wenn er neben der Wundfährte mehr oder weniger lange schleimige Schweißfäden findet.

Ist die Drossel verletzt, so wird der Schweiß bei der Flucht in großen Blasen ausgestoßen und liegt weit neben der Wundfährte.

Bei einem Schuß durch den Schlund ist wenig dunkler, schmutzig wirkender Wildpretschweiß, häufig mit grünlichem Inhalt des Schlundes vermischt, in der Wundfährte zu finden.

Waidwundschüsse ergeben sowohl auf dem Anschuß als auch auf der Wundfährte meist wenig Schweiß, dafür ist er aber je nach dem verletzten Organ von recht unterschiedlicher Beschaffenheit. Bei sorgfältiger Untersuchung kann daher der Schweißhundführer meist genaue Angaben über den Sitz der Kugel machen. So liegt bei einem Leberschuß oft schon am Anschuß – besonders ist dies bei einem tiefen Leberschuß der Fall – braunroter Schweiß in größeren Tropfen, in dem sich häufig Leberteilchen befinden. Sie fühlen sich griesig an, sie riechen und schmecken wie auch der Schweiß nach Leber. Ist die Milz getroffen, so liegen tiefrote, dicke, pladdrige Tropfen neben der Fährte.

Ein Schuß durch das große Gescheide ergibt sehr wenig, hellen Wildpretschweiß, meist mit Panseninhalt vermischt. Er erscheint daher unsauber und schmutzig. Panseninhalt weist noch deutlich sichtbare, gröbere, unverdaute Äsungsteile von bräunlich-grüner Farbe auf. Der Inhalt des Blätter- und Labmagens wirkt breiiger; grünlich gefärbt vom Blättermagen, mehr gelblich vom Labmagen.

Auch der Schuß durch das kleine Gescheide ergibt wenig Schweiß in kleinen Tropfen, vermischt mit braun-grünem und stärker verdautem Gescheideinhalt. Geruch und Geschmack weisen eindeutig auf einen Waidwundschuß hin.

Einen wichtigen Anhaltspunkt für den Schweißhundführer ergibt die Lage des Schweißes auf der Wundfährte. Bei Kopf- und Trägerschüssen wird der Schweiß beiderseits der Fährte verspritzt sein, dagegen bei Brustkernschüssen und

---

Weitere Pürschzeichen, die sich nach dem Schuß ergeben

1	2	3
4	5	6
7	8	9
10	11	12

1. Schweiß gleicher Herkunft auf verschiedenartigen Unterlagen.
2. Schweiß auf dunkler Nadelstreu.
3. Wie vor, aber durch ein weißes Tuch sichtbar gemacht.
4. Schnitthaar und Kugelriß auf Schnee.
5. Abgestreifter Schweiß eines ziehenden Stückes.
6. Verspritzter Schweiß eines flüchtigen Stückes.
7. Rotwild. Labmagen-, Gescheide- und Panseninhalt.
8. Schwarzwild. Gescheide- und Weidsackinhalt.
9. Rippensplitter mit Wildpretteilchen und Geschoßsplitter.
10. Gebrech tief. Knochensplitter, Zahnteile und Zahnbetten.
11. Gebrech hoch. Knochensplitter, Knorpel und Schleimhaut.
12. Schwarzwild. Knochensplitter aus dem Nasenbereich.

65

tiefen Waidwundschüssen in der Fährte liegen. Ist er im Tritt des kranken Stückes zu finden, so ist er am Lauf heruntergelaufen usw. Aus der Höhe des an Gräsern, Zweigen und Büschen abgestreiften Schweißes erkennen wir, in welcher Höhe etwa die Kugel den Wildkörper traf. Hierbei ist aber zu beachten, daß Gräser vom durchziehenden Wild heruntergedrückt werden und sich anschließend wieder aufrichten. So kann man leicht zu einem falschen Schluß über die Höhe der Schußverletzung kommen. Liegt Schweiß oder ist er beiderseits der Wundfährte abgestreift, so weiß der Hundeführer, daß das Stück einen Ausschuß hat. An der Art, wie der Schweiß an Sträuchern und Ästen abgestreift ist, ja bereits an der Form eines einzigen Tropfens erkennt das geschulte Auge eines Schweißhundführers, in welche Richtung das kranke Stück gezogen ist. Dies zu wissen, kann vor allem nach mehreren Haken und Widergängen äußerst wichtig sein. So gibt uns der Schweiß aufschlußreiche Anhaltspunkte.

Der Wichtigkeit wegen wiederhole ich: Auf der Wundfährte ist Schweiß das bedeutendste Pürschzeichen! Ein einziger Tropfen, richtig gedeutet, ist für den Erfolg einer Nachsuche von ausschlaggebender Bedeutung.

Knochensplitter, Mark, Wildpretstücke u. a.

Knochensplitter, auf dem Anschuß oder erst beim Folgen auf der Wundfährte gefunden, sind als sehr zuverlässige Pürschzeichen zu bewerten. Ihre Struktur und die Art der Splitterung geben uns einen guten Anhalt. Röhrenknochen der Läufe sind wesentlich härter als alle anderen Knochen, insbesondere im Vergleich mit den Rippen und dem Brustbein. Nur der Unterkieferknochen ist ähnlich hart, und da auch er eine gewisse Wölbung aufweist und ebenfalls zum Teil innen glatt ist wie die Innenseite eines Laufknochens, können in besonderen Fällen Verwechslungen vorkommen. Splitter vom Laufknochen sind hart und sehr scharfkantig, ihre Innenseite fühlt sich durch die Reste des Knochenmarkes fettig an. An der Stärke des Knochens und an seiner Rundung läßt sich erkennen, ob der Splitter vom oberen oder vom unteren Lauf stammt. Die unteren Laufknochen sind dünnwandiger und stärker gewölbt. Rippen und die Knochen des Brustbeines sind erheblich poröser, ihre Splitter sind nie so scharfkantig. Bei Laufschüssen können allerdings auf dem Anschuß oder auf der Wundfährte auch sehr poröse Knochenteile gefunden werden, und zwar wenn ein Gelenk zerschlagen wurde. Wie die Röhrenknochensplitter fühlen sich die porösen Splitter eines Gelenkes fettig an; häufig finden wir an ihnen Reste der knorpelartigen, glatten Oberfläche der Gelenkkugel oder -pfanne. Dann ist jeder Zweifel an einem Laufschuß ausgeschlossen!

Bei Äserschüssen liegen meistens Zahnstücke oder aus dem Kiefer herausgeschlagene Teile der Zahnbetten am Anschuß. In solchen Fällen ist ein Äserschuß leicht zu erkennen. Wenn allerdings nur der untere Teil des Unterkiefers getroffen ist, der, wie gesagt, in seiner Struktur und Härte dem Laufknochen ähnlich ist, so ist das Ansprechen weit schwieriger. Auch geben Knochensplitter des Oberkiefers und Nasenbeins, besonders von Sauen, dem Schweißhundführer Rätsel auf, wenn nicht andere Zeichen, wie die knorpeligen Teile innerhalb des Windfanges, auf einen hohen Äser- oder Gebrechschuß hinweisen.

Knochenmark ist ein Pürschzeichen, das allgemein bei den Jägern sehr wenig Beachtung findet. Es kann in sehr unterschiedlicher Form auf dem Anschuß oder beim Folgen der Wundfährte gefunden werden. Von vielen Jägern wird es gar nicht als Knochenmark erkannt und angesprochen. Knochenmark setzt immer einen zerschlagenen Röhrenknochen voraus. Dabei brauchen nicht unbedingt auch Knochensplitter gefunden zu werden! Diese können durch das Geschoß weit mitgerissen worden sein oder sind an der Decke oder im Wildpret des verletzten Laufes hängengeblieben. Bei niedrigen Temperaturen erhärtet Knochenmark sehr schnell und ist äußerlich dann dem Feist sehr ähnlich. Knochenmark und Feist werden sehr häufig verwechselt. Selbst Berufsjäger und erfahrene Schweißhundführer haben sich hierbei schon geirrt. Knochenmark fühlt sich sehr feinfettig, beinahe ölig an. Beim Zerreiben vergeht es ohne Rückstände zwischen den Fingern. Beim Zerreiben von Feist verbleiben immer faserige Rückstände. In eine Schweißlache hineingelaufenes Knochenmark gerinnt zu den bereits beschriebenen kleinen weißen Kügelchen. So kommt es schnell zu verhängnisvollen Verwechslungen mit Lungenschweiß. Bei flüchtigem, laufkrankem Wild wird auslaufendes Knochenmark weit neben der Fluchtfährte über Gräser und Blätter verspritzt und erscheint bei warmer Witterung als feucht-glänzender Überzug, der meist übersehen wird; bei niedrigen Temperaturen sieht es jedoch weißlich, glänzend, ähnlich dem Mehltau aus.

Neben Knochensplittern und Mark können Wildpretteilchen, Feist, Deckenfetzen und Schalenstücke am Anschuß liegen. Stammt Feist oder Weißes von unmittelbar unter der Decke bzw. Schwarte, so ist an diesen Pürschzeichen meist kein Schweiß festzustellen. Häufig sind noch Decken- oder Schwartenteile mitgerissen worden. Zumeist können wir bei diesen Pürschzeichen mit einem weniger gefährlichen Streifschuß rechnen. Sehr schweißiger Feist, oft mit Gescheideinhalt verschmutzt, ist aus dem Körperinneren gerissen und deutet auf einen Waidwundschuß hin.

Liegen auf einem Anschuß ungewöhnlich viele Schnitthaare und Deckenfetzen, dazu noch Wildpretteilchen, so muß mit einem sehr schlechten Schuß, meist Streifschuß, gerechnet werden.

Wir haben gesehen, daß es eine große Anzahl Pürschzeichen gibt, die dem geübten und erfahrenen Jäger Hilfsmittel sind, um mit einiger Sicherheit sagen zu können, wo das beschossene Stück die Kugel erhalten hat. Für den Schweißhundführer ist das von größter Bedeutung, wie wir später bei der Führung des Hundes sehen werden. Erlernen kann man das richtige Ansprechen des Anschusses bzw. der Wundfährte nur durch Übung in der rauhen Praxis. Zum Ansprechen all dieser Zeichen empfiehlt es sich, immer wieder den Körperbau und die anatomischen Eigentümlichkeiten des Wildkörpers zu studieren. Jede Gelegenheit muß wahrgenommen werden, ein gestrecktes Stück von innen und außen genau zu betrachten und zu untersuchen.

Die Vielzahl der Pürschzeichen wie Schnitthaar, Knochensplitter, Schweiß und Knochenmark mag den jungen Schweißhundführer verwirren. Vergrößert wird die Verwirrung noch durch die Differenzierungen innerhalb der Pürschzeichen. Ihm sei abschließend gesagt: Von allen aufgeführten Pürschzeichen ist das Schnitthaar das wichtigste! Ohne genaue Kenntnis des Schnitthaares bleibt die Führung des Hannoversche Schweißhundes nur Stückwerk!

DER HANNOVERSCHE SCHWEISSHUND

Aufgaben, Anforderungen und Rassemerkmale

Bewußt sind Aufgaben und Einsatz, damit also der Arbeitsbereich des Hannoverschen Schweißhundes, in engen Grenzen gehalten. Es ist eine ebenso alte wie moderne Erkenntnis, daß Höchstleistungen nur von Spezialisten erbracht werden können. Dieser Grundsatz gilt für das Tier im gleichen Maße wie für den Menschen. So liegt der Schwerpunkt der Aufgaben des Hannoverschen Schweißhundes in der Arbeit *nach* dem Schuß. Krankgeschossenes Hochwild ist nachzusuchen und gegebenenfalls durch anhaltende, scharfe Hetze zur Strecke zu bringen. Wird der Hund gerecht geführt, so wird er dem Hochwildjäger auch in scheinbar aussichtslosen Fällen zum unentbehrlichen Helfer.

Nachsuchen werden oft unter widrigen, sehr schwierigen Bedingungen und nach langer Stehzeit der Fährte durchgeführt; auf solchen Wundfährten muß der Hannoversche Schweißhund jeder Verleitung widerstehen können. Er wird daher auch nur auf bestimmte Wildarten geführt – wie Rot-, Schwarz-, Dam- und Muffelwild –, unter bewußtem Verzicht auf Nachsuchen kranken Niederwildes, einschließlich des Rehwildes. Dieser Verzicht ist wohlbegründet. Lehren uns doch jahrhundertealte Erfahrungen, daß alle Brackenarten, zu denen letzten Endes auch der Hannoversche Schweißhund zu rechnen ist, sehr gern gerade Rehe jagen. Von Natur aus könnte der Hannoversche Schweißhund selbstverständlich Wundfährten jeder Wildart arbeiten. Sogar Hasen und Enten könnten mit ihm nachgesucht werden. Das geht alles! Aber zu Lasten der Leistungen als Spezialist! Dem waidgerechten Jagen wäre mit einer solchen Entwicklung am wenigsten gedient! Und dennoch schließt das alles wiederum nicht aus, mit alten erfahrenen Hunden in Ausnahmefällen, wenn zum Beispiel keine anderen Hunde zur Verfügung stehen oder diese bereits auf der Wundfährte versagt haben, auch krankes Rehwild nachzusuchen, wie ich es selbst ohne nachteilige Folgen für meine Hunde getan habe. Eins ist allerdings besonders bei Hetzen auf angeschweißtes Rehwild zu bedenken: Der kräftige Hannoversche Schweißhund zieht das kranke Reh kurzerhand nieder! Das verleitet den unerfahrenen Hund, dasselbe beim wehrhaften Wild zu versuchen. Dies kann schwere Folgen haben, ja, den Verlust des Hundes bedeuten. Schon allein aus diesem Grund der dringende Rat: wenn überhaupt, dann angeschweißtes Rehwild nur mit wirklich erfahrenen Hunden nachsuchen!

Die zweifellos vornehmste und wichtigste Aufgabe des Hannoverschen Schweißhundes, krankes Wild möglichst schnell zur Strecke zu bringen und vor dem Verludern zu bewahren, hat die durchaus mögliche und nützliche Arbeit *vor* dem Schuß – ich denke hierbei vornehmlich an das „Bestätigen" – im Laufe der Zeit völlig in den Hintergrund gedrängt. Der großen Bedeutung wegen für die Einarbeitung und Führung wird das „Bestätigen" noch besonders behandelt.

Die erfolgreiche Führung des spezialisierten Schweißhundes erfordert nicht allein, wie bereits erwähnt, von seinem Führer besondere Eigenschaften, auch an die Veranlagung, an die Wesensart, an die physische Leistungsfähigkeit des Hundes werden außerordentlich hohe Anforderungen gestellt, um alle auf einer Wundfährte auftretenden Schwierigkeiten meistern zu können.

Eine natürliche, ruhige, überlegte Wesensart zeichnet den gut durchgezüchteten und richtig behandelten Hannoverschen Schweißhund aus. Nur solche Hunde, unterstützt durch eine feine Nase, verfügen über die erforderliche Konzentrationsfähigkeit, eine kalte, verregnete Wundfährte durch alle Verleitungen, Haken, Widergänge und „Knoten" hindurch zu entwirren und voranzubringen. Nervöse, flatterhafte und überempfindliche Hunde werden mit derartigen Schwierigkeiten nie fertig werden. Das Interesse für die Fährten- und Schweißwitterung ist dem Hannoveraner angewölft. Ein stark ausgeprägter Fährtenwille soll ihn unermüdlich durch dick und dünn und bei jedem Wetter der Wundfährte nachhängen lassen. Temperamentvoll vorandrängende Hunde werden durchaus mal einen Haken oder den Abgang eines Widerganges überschießen. Diese Hunde verfügen aber meist über den notwendigen unermüdlichen Durchhaltewillen. Ein zu starkes Temperament kann durch entsprechende Abführungsmaßnahmen eines gewandten Führers gezügelt werden, dagegen sind mangelnder Fährtenwille und geringe Passion kaum zu beeinflussen.

Eine unerläßliche Forderung ist die scharfe Hetze! Hunde, die nicht laut und anhaltend hetzen, sind für den praktischen Jagdbetrieb unbrauchbar. Die nunmehr über fünfunddreißig Jahre vom Verein Hirschmann erfaßten und ausgewerteten Leistungsnachweise Hannoverscher Schweißhunde zeigen auf, daß rund 40 % der Nachsuchen erst nach einer Hetze zum Erfolg führen. Bei Spitzenhunden liegt dieser Prozentsatz noch höher. Auf Hetzfreude und unbedingtes Durchhalten bei der Hetze muß daher größter Wert gelegt werden. Ist der Hund einmal am Wild, so muß er energisch und anhaltend stellen. Er darf nicht mehr ablassen. Schärfe und Härte sind auch erforderlich, den Hund rücksichtslos alle Hindernisse überwinden zu lassen und um an das kranke Stück zu kommen. Trotz der geforderten Schärfe darf er aber keinesfalls das gestellte Stück niederziehen wollen, es sei denn, ein junges schwaches Stück will sich dem Hund nicht stellen. Zu scharfe Hunde, die schon in den ersten Sekunden des Zusammenpralls mit wehrhaftem Wild geschlagen oder geforkelt werden, nutzen uns gar nichts. Sie sind für den praktischen Jagdbetrieb unbrauchbar, zumindest nur bedingt einsatzfähig.

Andererseits halte ich es für grundfalsch und schädlich für die Leistungszucht, den Schweißhund lediglich die Riemenarbeit durchführen zu lassen, zur Hetze aber einen anderen, einen beweglicheren und nicht so wertvollen Hund zu benutzen – was vereinzelt in der Praxis geschieht. Der Einwand, unsere Hunde wären zu wertvoll, um sie der Gefahr des Geschlagenwerdens auszusetzen, rechtfertigt meines Erachtens die etwaigen Folgerungen nicht. In letzter Konsequenz heißt das: weitere Spezialisierung des Spezialisten und damit weitere Einengung seines Aufgabengebietes!

Die Forderung, der Hannoversche Schweißhund darf im Normalfall kein Wild anfassen und niederziehen, ist durchaus berechtigt. Unter Schärfe dürfen wir aber nicht allein die Schärfe am Wild verstehen. Sie ist ein Bestandteil der für den Schweißhund unabdingbar geforderten Wesensfestigkeit, die ihren Ausdruck in starken Nerven, Härte und Rücksichtslosigkeit gegen sich selbst, Unerschrockenheit und Entschlossenheit findet. Demgegenüber sind überempfindliche, nervöse, flatterhafte, ängstliche, also wesensschwache Schweißhunde nicht brauchbar.

Stummjagende Hunde entsprechen ebenfalls nicht den Anforderungen. Die Hetze muß anhaltend laut und möglichst auch fährtelaut sein. Der sichtlaute Hund gibt erst Laut, wenn er das kranke Stück zu sehen bekommt. Das kann mehr oder weniger weit vom Ausgangspunkt der Hetze entfernt sein, vielleicht erst hinter der nächsten Bodenwelle. Der Schweißhundführer hört keinen Hetzlaut und hat keine Ahnung, wohin die Hetze geht. Beim fährtelauten Hund dagegen können wir, sobald wir am frischen, letzten Wundbett geschnallt haben, von Beginn an die Hetze mit dem Ohr verfolgen und haben zumindest die Richtung, die sie genommen hat. Der fährtelaute Hund ist für den praktischen Jagdbetrieb daher ohne Frage wertvoller. Ihm ist gegenüber dem nur sichtlaut hetzenden Hund der Vorrang zu geben.

Aufgaben, Anforderungen und Leistungsstärke sind die bestimmenden Grundlagen für die äußere Form – die Leistungsform – des Hannoverschen Schweißhundes. Das allgemeine Erscheinungsbild des arbeitsfähigen Hannoverschen Schweißhundes ist das eines mittelgroßen, wohlproportionierten, kraftvollen Hundes. Gut gestellte, kräftig bemuskelte Vorder- und Hintergliedmaßen befähigen ihn zu ausdauernder Arbeit. Zu hohe Läufe, besonders eine überbaute Vorhand beeinträchtigen die Arbeit mit tiefer Nase und sind typfremd. Die breite, tiefe Brust bietet der Lunge viel Raum und ermöglicht lange, anstrengende Hetzen. Die leicht faltige Stirn und das klare, dunkle Auge verleihen dem Hannoveraner den typischen ernsten Gesichtsausdruck. Rassetypisch ist auch die rote Grundfärbung, die vom hellen Fahlrot zur dunkel gestromten, beinahe schwarz wirkenden variieren kann. Bei aller Schönheit der dunkel hirschrot gestromten Hunde erscheint mir die hellrote Farbe für die Praxis als die zweckmäßigere Farbe; besonders gilt dies dort, wo viel Schwarzwild nachgesucht werden muß.

Jeder Zuchtverband hat für seine Rasse ein Ziel für die ideale Form des Hundes – den Rassestandard – festgelegt. So sind auch die Rassemerkmale des Hannoverschen Schweißhundes in dem nachstehenden „Rassestandard" festgehalten. Beim Schweißhund bestimmen allein die Wertmale des Gebrauchs die Leistungs- oder Zweckform. Darum wird in seinem Standard, anders als bei Luxus- und Modehunden, die weitaus größere Bedeutung den die Arbeitsfähigkeit bestimmenden Körpermerkmalen beigemessen.

Standard des Hannoverschen Schweißhundes

I. Leistungsbestimmende Körpermerkmale

1. Kopf

Fang: Kräftig, tief und breit. Für den Gebrauch gut ausgebildet (etwa 50 % der Kopflänge). Kinnbacken kräftig.

Gebiß: 42 Zähne, gut schließend, Scheren- oder Zangengebiß.

Nase: Groß, breit, Nasenflügel gut geöffnet.

2. Rumpf

Hals: Lang und stark, sich allmählich zur Brust erweiternd, Kehlhaut voll und locker, leichte Wammenbildung ist zulässig.

Brust: Tief und geräumig, mehr tief als breit.

Bauch: In allmählich ansteigender Linie leicht aufgezogen.

Rücken: Stark und elastisch, Lendenpartie bei leichter Wölbung breit und biegsam.

Kruppe: Breit und lang, leichte Senkung zur Rute.

3. Vordere Gliedmaßen

Oberarm und Ellenbogen: Schulterblätter flach anliegend, fest bemuskelt, gut beweglich. Oberarm lang, Ellenbogen gut nach hinten gelagert und anliegend.

Unterarm: Gerade, gut bemuskelt. Fußwurzel breit, fast gerade, nie völlig steil. Pfoten kräftig, rund und geschlossen. Große, derbe Ballen, Zehen gut gewölbt, kräftige Nägel.

4. Hintere Gliedmaßen

Becken: Breit und geräumig.

Oberschenkel: Kräftig bemuskelt.

Unterschenkel: Gerade und trocken. Sprunggelenke breit und stark. Fußwurzel fast senkrecht zum Boden gestellt. Pfoten gerundet, dicht geschlossen.

5. Knochenbau und Bemuskelung

Für den Gebrauch ausreichend kräftiger Knochenbau und gute Bemuskelung.

6. Bewegungsablauf

Schwungvoll, elastisch und raumgreifend.

II. Den Typ bestimmende Merkmale

1. Kopf

Fang: Lefzen breit überfallend und gut abgerundet.

Oberschädel: Breit, in der Breite nach hinten zunehmend, flach gewölbt. Stirn leicht faltig; Hinterhauptbein wenig ausgeprägt. Augenbogen von der Seite gesehen deutlich abgesetzt.

Behang: Mittellang, hoch und breit angesetzt, glatt und ohne Drehung dicht am Kopf herabhängend, unten stumpf abgerundet.

Nasenrücken: Leicht gewölbt oder fast gerade, beim Rüden stärker gewölbt. In Richtung Stirn allmählich schmaler werdend.

Nasenschwamm: Breit, meist schwarz, selten dunkelbraun.

Auge: Klar vorliegend, guter Lidschluß, dunkelbraune Iris.

2. Rute
Hoch angesetzt, lang und wenig gebogen, im Ansatz kräftig, zur Spitze allmählich verjüngend.

3. Harmonie
Verhältnis Kopf–Rumpf: Proportioniert.
Verhältnis Rumpf–Läufe: Proportioniert.

4. Geschlechtstyp
Rüde und Hündin geschlechtsspezifisch.

III. Haar

1. Rumpf
Kurz, dicht, derb bis harsch, nur am hinteren Rand der Keulen etwas länger und gröber.

2. Rute
Dicht und derb. An der Unterseite etwas länger und gröber.

IV. Größe und Farbe

Rüde: 50 bis 55 cm; Hündin: 48 bis 53 cm (2 cm nach oben oder unten fallen in die Toleranzgrenze)
Farbe: Fahlhellrot bis Dunkelhirschrot, mehr oder weniger stark gestromt. Mit und ohne Maske.
Kleine weiße Brustflecke werden toleriert.

Auch weiterhin wird es Aufgabe des Vereins Hirschmann sein, die Arbeitsform des Hundes mit dem Ziel zu verbessern, den idealen Leistungstyp zu finden. Das Erfassen und Auswerten der Leistungen möglichst aller Hannoverschen Schweißhunde, objektive Beobachtungen sowie genaue Untersuchungen werden hierfür auch künftig notwendige Voraussetzungen bleiben müssen.

Zucht

Die Zucht des Hannoverschen Schweißhundes steht heute nach einer fast 100jährigen Tätigkeit des Vereins Hirschmann auf einer anerkannt hohen Stufe. Ziel der Zucht muß sein, den erreichten Leistungsstand nicht nur zu erhalten, sondern noch zu steigern.

Den im vorigen Abschnitt behandelten Aufgaben und Anforderungen entsprechend und aus der Erkenntnis, daß nur von einem Spezialisten Höchstleistungen zu erwarten sind, haben sich alle züchterischen Maßnahmen konsequent auf die Förderung der Anlagen auszurichten, die für das Erreichen dieses Zieles bestimmend sind. Das sind in erster Linie die „feine Nase" und die „Wesensfestigkeit". „Feine Nase", das heißt nicht allein Riechvermögen, das heißt auch die Fähigkeit, das mit dem Riechorgan Aufgenommene zu verarbeiten, zu differenzieren und sich auf eine bestimmte Wittrung zu konzentrieren. Eine gute

Nasenleistung ist Grundlage jeder Fährtenarbeit. Nur mit ihrer Hilfe ist die höchste Aufgabe des Hannoverschen Schweißhundes, krankes Wild zu finden, mit Erfolg durchzuführen. Die gute Nasenleistung muß daher als erstrangiges Zuchtziel bezeichnet werden. Unter „Wesensfestigkeit" ist natürliche Ruhe, Schärfe, Härte, Arbeits- und Durchhaltewille zu verstehen. Eigenschaften, die zum Teil eine notwendige Ergänzung der „feinen Nase" sind und zu Höchstleistungen befähigen.

Durch genetische Untersuchungen ist nachgewiesen, daß die Mendelschen Gesetze für die Zucht weniger Bedeutung haben und nur bedingt zutreffen. Lediglich körperliche Merkmale folgen diesen Regeln. Daher haben wir auch die Zucht in bezug auf Farbe, Haar und Form fest in der Hand und können sie relativ leicht beeinflussen. Weniger leicht ist das bei Merkmalen, Eigenschaften und Anlagen, die den Jagdgebrauchshund zu Leistungen befähigen. Auf die „feine Nase" in dem angesprochenen erweiterten Sinne, die Wesenfestigkeit, den Hetzlaut und die Hetzfreude lassen sich die Mendelschen Regeln nicht anwenden. Die bis heute von vielen Züchtern vertretene Ansicht, bestimmte Merkmale werden vom Rüden bzw. von der Hündin vererbt, trifft keinesfalls zu. Wir müssen uns bei der Zuchtauswahl von dieser Auffassung freimachen. Die Auswahl hat daher bei Rüde und Hündin von der genetischen Gleichwertigkeit auszugehen und unter Anwendung gleicher Maßstäbe für beide Geschlechter zu erfolgen. Das Prinzip einer schroffen Leistungszucht fordert scharfe Maßstäbe und Bestimmungen im Hinblick auf die zur Zucht zu verwendenden Schweißhunde.

Allein schon der geringe Hundebestand bedingt eine äußerst sorgfältige Zuchtauswahl. Bei der schmalen Zuchtbasis bedeutet fast jede Paarung Inzucht. Nun kann bei guter Planung und straff und diszipliniert durchgeführter Zucht eine richtige und lockere Inzucht durchaus förderlich sein. Bekanntlich pflegen sich Eigenschaften der Eltern bei Inzucht zu potenzieren. Eine falsch angewandte Inzucht kann dagegen eine Verstärkung der Mängel, ja eine Entartung der Rasse herbeiführen. Inzestzucht, das heißt die Paarung von Geschwistern oder von Eltern und deren Nachkommen, festigt am sichersten erwünschte Eigenschaften, sie deckt aber auch rücksichtslos alle Fehler und Mängel auf. In besonderen Fällen angewandt, kann die Inzestzucht wertvolle Hinweise und Erkenntnisse verschaffen.

Beim Hannoverschen Schweißhund wird mit Erfolg eine „Linien- oder Familienzucht" betrieben. Bei der Linienzucht werden lose verwandte Partner mit „Blutanschluß" ausgewählt, die gemeinsame, möglichst leistungsstarke Ahnen vorweisen. „Fremdzucht", die Einkreuzung fremden „Blutes" und auch die Einkreuzung rassenfremden „Blutes", wird im allgemeinen nur erforderlich, wenn bestimmte erwünschte Eigenschaften, wie zum Beispiel Schärfe und Hetzlaut, nur noch in einem geringen Anteil vorhanden sind und verlorenzugehen drohen. Diese Gefahr ist bei dem augenblicklichen Leistungsniveau keinesfalls gegeben, und es besteht zur Zeit nicht die geringste Notwendigkeit, die züchterische Maßnahme des Einkreuzens fremden Erbgutes anzuwenden.

Zur Zucht zugelassen werden nur Hunde, die den scharfen Auslesebestimmungen, die in der Zuchtordnung des Vereins Hirschmann festgehalten sind, entsprechen. So genügt es nicht, daß die Anlagen eines Hundes, wie gute Nase und Wesensfestigkeit, durch die bestandene Vorprüfung nachgewiesen sind, auch die Leistungsfähigkeit im praktischen Jagdbetrieb muß zuverlässig bestätigt werden. Der Nachweis kann durch eine bestandene Hauptprüfung oder durch die jährlich einzureichenden Leistungsnachweise erbracht werden. Großer Wert wird auf eine scharfe, ausdauernde, fährte- oder sichtlaute Hetze gelegt. Dem fährtelauten Hund ist aus bereits genannten Gründen der Vorrang zu geben. Da das Gebäude des Hundes auf seine Leistungsfähigkeit einen wesentlichen Einfluß hat, müssen Rüde und Hündin die Formbeurteilung „sehr gut" aufweisen. Nur bei hervorragender Veranlagung und Leistung dürfen auch Hunde vom Formwert „gut" zur Zucht zugelassen werden.

Diese strengen Zuchtbestimmungen sind bei der schmalen Zuchtbasis dringend notwendig, um einen Schweißhund von höchstem Gebrauchswert zu züchten. Nur Jäger der Praxis sollen ihn führen, daher wird die Anzahl unserer Hunde stets gering sein.

Dem Züchter soll das Zuchtbuch als Unterlage für die Auswahl eines geeigneten Partners dienen. Als Abstammungs- und Leistungsnachweis ermöglicht es eine vollständige Orientierung über alle Hunde. Ein Zuchtbuch, das diesen Zweck voll erfüllen soll, darf daher nicht allein positive Angaben, wie erfolgreiche Prüfungen und Leistungen aufweisen, sondern muß auch möglichst erschöpfend Auskunft geben über nicht bestandene Prüfungen unter Angabe der Fächer, in denen der Hund versagt hat, sowie auch über negative Anlagen und Leistungen, vor allem Fehler und Mängel, deren Erblichkeit nicht mit Sicherheit ausgeschlossen werden kann. Für jede geplante Verbindung hat im Verein Hirschmann der Züchter rechtzeitig die schriftliche Genehmigung des Zuchtwartes einzuholen.

Die Hitze oder Läufigkeit einer Hündin ist nie genau vorauszusagen. Sie kann zweimal im Jahr eintreffen. Bei einigen Hündinnen kehrt sie nach genau sechs Monaten wieder, bei anderen dauert es acht bis zehn Monate. Mit der ersten Läufigkeit ist bei einer Hannoverschen Schweißhündin in einem Alter von etwa einem Dreivierteljahr zu rechnen. Da ihre Körperentwicklung zu diesem Zeitpunkt noch lange nicht abgeschlossen ist, darf sie zu dieser Zeit auf keinen Fall mit einem Rüden zusammenkommen. Selbst mit zwei Jahren ist der Hannoveraner körperlich noch nicht voll entwickelt. Die Bestimmungen sehen deshalb als Mindestalter für die Zulassung zur Zucht bei Rüde und Hündin drei Jahre vor. Verantwortungslos wäre es, zwei hintereinander folgende Hitzen auszunutzen. Eine Hitze muß grundsätzlich übergangen werden. Normalerweise setzt sich der Geschlechtszyklus einer Hündin bis ins hohe Alter fort. Das Höchstalter für die Zuchtzulassung ist vom Verein Hirschmann für die Hündin auf acht, für den Rüden auf neun Jahre festgesetzt. Bei besonders wertvollen Zuchttieren können Ausnahmen gestattet werden.

Der Beginn der Hitze macht sich bei der Hündin durch ein verändertes Verhalten bemerkbar. Sie näßt sehr häufig, die Schnalle schwillt merklich an. Für den Schweißhundführer ist es wichtig zu wissen, daß die Arbeitsleistung einer kurz vor der Hitze stehenden oder einer heißen Hündin stark nachläßt. Äußerste Vorsicht daher bei Nachsuchen! Ein verantwortungsbewußter Schweißhundführer muß sich darüber im klaren sein, daß, wenn es zu einer Fehlsuche mit einer heißen Hündin kommt, eine anschließende Kontrollsuche mit einem Rüden sinnlos werden muß!

Mit dem Beginn der Blutung, dem ,,Färben" setzt die eigentliche Hitze ein. Ungefähr vom neunten Tag des Färbens an ist die Hündin bereit, sich decken zu lassen. Der Höhepunkt der Hitze wird etwa am 11. bis 13. Tag erreicht. Allerdings ist das Verhalten der Hündin für den besten Zeitpunkt des Deckens wichtiger als die rechnerische Ermittlung des richtigen Tages. Bei der einen Hündin wird der zehnte Tag für den Erfolg am aussichtsreichsten sein, für die andere erst der 13. Tag. Demnach kann der 12. Tag für die eine Hündin bereits zu spät, für die andere noch zu früh sein. Sehr aufmerksam muß sie daher während dieser Tage beobachtet werden.

Eine tatsächliche Trächtigkeit ist recht spät feststellbar. Nicht selten werden Hündinnen, wenn der Deckakt keinen Erfolg gehabt hat, scheinträchtig. Das geht soweit, daß sich etwa mit sieben Wochen das Gesäuge stark entwickelt und Milch gebildet wird. Zum Zeitpunkt des planmäßigen Wölfens beginnt die Hündin sogar, das Wurfnest zu bauen. Während der Trächtigkeit muß sie ihre normale Bewegung haben. Ohne Bedenken kann mit ihr bis etwa zur siebten Woche gearbeitet werden. Die Ernährung braucht in den ersten fünf Wochen nicht geändert zu werden. Mit zunehmender Stärke wird einmal am Tage zusätzlich gefüttert. Durch großen Fettansatz kann das Wölfen erschwert werden. Den Verdauungsapparat belastende Knochen sind nicht mehr zu verfüttern. Empfehlenswert sind Kalkpräparate, die dem Futter beigegeben werden. Etwa zur Mitte der Trächtigkeit sollte eine Wurmkur durchgeführt werden.

Die normale Tragezeit dauert 62 Tage. Zu frühe Würfe sind beim Schweißhund äußerst selten; nach 56 Tagen gewölfte Welpen können normal entwickelt sein. Erst nach einer Tragzeit von über 64 Tagen besteht die Gefahr von Komplikationen. Es ist ratsam, ab diesem Zeitpunkt vorsorglich einen Tierarzt zu benachrichtigen.

Aufzucht und Haltung

Haben wir die Hündin richtig gehalten, ist sie also an den Zwinger gewöhnt, hält sie sich dort genauso gern auf und fühlt sie sich dort genauso wohl wie im Hause, dann brauchen wir ihr keinen besonderen Platz zum Werfen anzuweisen. Wir lassen sie dort, wo sie sich geborgen fühlt, und ersparen ihr in diesen kritschen Tagen eine Umstellung, für die keine Notwendigkeit gegeben ist. Voraussetzung ist allerdings, Zwinger und Unterkunftshütte sind von vornherein so zweckmäßig angelegt, daß die Hütte auch als Wurfkiste geeignet ist und späterhin die Welpen im Zwinger gesund aufgezogen werden können.

Gutes Stroh als Unterlage im Wurflager ist allem anderen Material vorzuziehen. In der warmen Jahreszeit ist meines Erachtens nicht einmal Stroh erforderlich. Die Hündin kratzt es ohnehin zur Seite und bringt ihre Welpen auf dem blanken Bretterboden zur Welt. Dieser kann von ihr auch am leichtesten saubergehalten werden. Alle anderen Unterlagen, insbesondere stark staubende wie Torfmull oder Sägemehl sind unbedingt abzulehnen, zumal der begründete Verdacht besteht, daß zwischen Lidentzündungen und Hütteneinstreu ein Zusammenhang besteht. Alle Hunderassen mit einer lockeren Decke neigen besonders stark zur Bildung des eingerollten Augenlides (Entropium) oder zum offenen Augenlid (Ektropium). So ist diese Erkrankung zum Beispiel bei den Bernhardinern, Spaniels und besonders auffallend bei den Bloodhounds zu beobachten.

Auch der Hannoversche Schweißhund muß in diese Gruppe eingereiht werden. Bei unseren Hunden ist es anscheinend der etwas schwerere Typ mit den meist stark ausgeprägten Gesichtsfalten, bei dem entzündete Augenlider häufiger zu beobachten sind. Dieses Augenleiden hat vor Jahren der Zucht des Hannoverschen Schweißhundes großen Kummer bereitet. Zuchtsperren für erkrankte Tiere – von Anfang an umstritten – brachten keinen Erfolg. Wissenschaftliche Untersuchungen bestätigten, daß die Anlage zum En- bzw. Ektropium zwar in den vorgenannten Rassen vorhanden ist, die Erkrankung selbst aber häufig erst durch äußere Reizeinwirkung im frühen Welpenalter erfolgt. Seitdem stark staubende Unterlagen im Wurflager kaum noch verwandt werden, häufig die Welpen sogar nur auf den blanken Brettern liegen, ist diese Erkrankung bei unseren Hunden merklich zurückgegangen. Aber nicht nur die Hütteneinstreu, auch eine kalte, zugige Zwingerlage kann Anlaß zu Lidentzündungen und damit zur Bildung des Entropiums sein.

Mein zuerst gezogener Wurf lag auf Stroh: zwei Welpen hatten Entropium. In allen anderen Würfen, die nur auf blanken Brettern lagen, ist kein Fall von Entropium mehr vorgekommen! Das mag Zufall sein, aber auch andere Züchter haben ähnliche Beobachtungen gemacht. Besonders kraß der Fall, in dem der Züchter einen Wurf, der im Januar fiel, in Sägemehl zu liegen hatte: Alle Welpen dieses Wurfes zeigten mehr oder weniger stark Entropium, obwohl die Eltern keine Spur dieser Erscheinung aufwiesen!

Stehen die Wehen und das Werfen kurz bevor, so wird die Hündin unruhig, sie ist aufgeregt, japst, hechelt und zieht sich von allein auf ihr Lager zurück. Jetzt können wir nichts Besseres tun, als sie vollkommen in Ruhe zu lassen! Es genügt, von Zeit zu Zeit nach ihr zu schauen, die Hündin soll merken, daß sie nicht alleingelassen wird. Frisches Wasser muß ständig in der Nähe der Wurfkiste stehen. Der Hannoversche Schweißhund hat eine so gute Konstitution, daß beim Wölfen kaum Komplikationen auftreten und keine Eingriffe notwendig werden. Auch der reibungslose Geburtsablauf gehört mit zu den Eigenschaften, die eine Hündin zuchttauglich machen. Das ist durchaus nicht bei allen Rassen der Fall. Mit einer Hündin, bei der zum Beispiel durch ein zu enges Becken Schwierigkeiten beim Wölfen auftreten und künstliche Eingriffe notwendig werden, darf im Interesse der Gesunderhaltung der Rasse nicht weitergezüchtet werden.

Der kleine Welpe kommt in einer Haut, der Eihaut, zur Welt. Die Hündin zerbeißt die Haut wie auch die Nabelschnur, mit der der Welpe zunächst noch mit der Mutter verbunden ist. Anschließend wird er ganz intensiv trockengeleckt. Der neugeborene Welpe zeigt sich sofort quicklebendig, gibt miefende Laute von sich; ist er gesund, so strebt er nach dem warmen Körper der Mutter und versucht bereits, die Milchquelle zu erreichen. Dabei stemmen die kleinen Hinterläufe den Körper schon recht kräftig und zielbewußt vorwärts, das Köpfchen pendelt hin und her, es bohrt sich dabei in das Fell der Mutter, bis es die Milchquelle entdeckt hat. Sogleich beginnt der kleine Welpe zu saugen. Charakteristisch ist dabei das Treten der Vorderläufe gegen die Milchdrüsen – der Milchtritt –, der wie auch der Schnauzenstoß die Tätigkeit der Milchdrüsen anregt.

Bei genauer Beobachtung der einzelnen Welpen während ihrer ersten Lebensminuten können wir mitunter feststellen, mit welchen beachtlichen Unterschieden von Kraft und Energie sie die ersten, ihnen angewölften Bewegungen ausführen. Welpen, die von allein nicht die Kraft aufbringen, die notwendigen Bewegungen auszuführen, um an die Milchquelle der Mutter zu gelangen, und die mit allerlei Hilfen aufgezogen werden müssen, können unserer Zucht nur schaden und sollten möglichst schnell entfernt werden.

Während des Wölfens kommen die Welpen meist in Zeitabständen von etwa 15 Minuten bis zwei Stunden zur Welt. Es ist aber auch gar nicht selten, daß sich das Wölfen über 24 Stunden und auch noch länger hinzieht. Hierzu und auch zur Notwendigkeit, die Hündin während des Werfens nicht unnötig zu stören, sie aber dennoch stets unter Kontrolle zu haben, noch ein Erlebnis, das ich nur wenige Tage vor dem Schreiben dieser Zeilen hatte. Ein Züchter meldete mir, seine Hündin hätte geworfen, und bat mich, den Wurf anzusehen. Sechs Stunden etwa waren die Welpen alt. Bei der Hündin waren keine Anzeichen von Wehen mehr zu erkennen. Wir lockten sie aus der Wurfkiste heraus, freudig und munter begrüßte sie uns. Um ungestört den Wurf durchsehen und wiegen zu können, ließen wir sie unbeaufsichtigt aus dem Zwinger. Ansehen und Wiegen der Welpen dauerte nur wenige Minuten. Nach zwei Tagen wurde die Hündin wiederum aus dem Zwinger gelassen. Sogleich kam sie mit einem toten Welpen im Fang zurück, den sie während der ersten Durchsicht des Wurfes, wahrscheinlich ausgelöst durch die Störung und durch damit verbundene Erregung, unbeobachtet außerhalb des Zwingers gewölft hatte. Ein bedauerlicher Vorfall, der bei größerer Vorsicht und Achtsamkeit vermeidbar gewesen wäre.

Das Geburtsgewicht, das bei Schweißhundwelpen etwa zwischen 380 bis 500 g liegt, hat zwar wenig Aussagewert darüber, wer aus dem Wurf einmal der kräftigste oder schwächste sein wird, es gibt uns aber ein Bild über die Ausgeglichenheit des Wurfes. Dagegen haben die späteren, regelmäßigen Gewichtskontrollen während der Aufzucht für den Züchter eine nicht zu unterschätzende Aussagekraft über die Entwicklung und Gesundheit des Wurfes.

Nach zwei bis drei Tagen erfolgt eine gründliche Inspektion des Wurfes. Am besten ist, man legt ein kleines Zwingerbuch an, in dem alle wesentlichen Daten festgehalten werden, so zum Beispiel besondere Merkmale, vermutliche Farbe und nach Möglichkeit bereits Beobachtungen über das Verhalten der einzelnen Welpen wie Beweglichkeit und Findigkeit. Überzählige Zehen an den Hinterläufen, die sogenannten Wolfsklauen, sind beim Schweißhund gar nicht selten und müssen in den ersten Lebenstagen entfernt werden. Das kann man mühelos mit einer scharfen Schere selber machen. Auf die kleine Wunde wird etwas Ballistol oder ein anderes Desinfektionsmittel getupft. Bei der Hündin ist der blutige schleimige Ausfluß normal. Er wird von Tag zu Tag heller und ist in zwei bis drei Wochen ganz verschwunden.

Einer älteren kräftigen Schweißhündin sollten nicht mehr als sieben bis acht Welpen belassen werden. Jungen und nicht besonders konditionsstarken Müttern können nicht mehr als sechs Welpen zugemutet werden. Ist eine Hundeamme zu bekommen, so ist die Aufzucht der überzähligen Welpen problemlos. Es gibt heute aber auch eine Ersatz-Hundemilch in Pulverform, die im abgekochten Wasser aufgelöst werden muß und, auf Körpertemperatur gebracht, den kleinen Welpen gegeben werden kann. Das ist allerdings schwierig. Es erfordert viel Zeit und Mühe, die Welpen an ein kleines Fläschchen zu gewöhnen oder sie anzuhalten, die Ersatzmilch aus einem Napf zu nehmen. So ist für den Züchter die Versuchung groß, die Welpen letzten Endes doch bei der Mutter zu lassen.

Mögen in der Ersatzmilch alle Nährstoffe und auch in der gleichen Zusammensetzung wie in der Muttermilch vorhanden sein, so ist doch die Muttermilch durch die in ihr enthaltenen Abwehrstoffe durch nichts vollständig zu ersetzen! Diese Abwehrstoffe geben zum Beispiel guten Infektionsschutz für das staupegefährdete Alter vom zweiten bis dritten Lebensmonat. Und daraus resultiert die konsequente Forderung der meisten Zuchtverbände nach einer Beschränkung der Welpenzahl. Ausnahmen sind, wie gesagt, nur zu rechtfertigen, wenn die Aufzucht durch eine Amme gewährleistet ist. Immerhin sollte jeder Züchter diese Ersatzmilch griffbereit haben, zumindest sollte er wissen, wo er sie schnell erhalten kann. Denn leicht kann seine Hündin erkranken, die Milch versiegt, eine Amme ist nicht da, und er muß sehr früh – bevor die Welpen feste Nahrung aufnehmen können – einen Ersatz für die fehlende Muttermilch geben.

Nach normal verlaufenem Wölfen haben wir in den ersten Wochen im Zwinger im wesentlichen nur für Ruhe und Sauberkeit zu sorgen. Das Welpenlager wird, solange die Jungen nicht zugefüttert werden, von der Mutter saubergehalten. Das entbindet den Züchter nicht, während dieser Zeit Hündin und Welpen aufmerksam und sorgfältig zu beobachten. Einmal um die Gesundheit zu überwachen, zum anderen, um aus dem Verhalten der Kleinen bereits einige Schlüsse über Anlagen und Eigenschaften des einen oder anderen Welpen ziehen zu können. Das Bemühen der Hundezüchter, möglichst frühzeitig die Besten aus einem Wurf zu ermitteln, ist sehr alt. Am bekanntesten ist wohl die „Schäferprobe". Sie mag durchaus etwas für sich haben. Die fünf Tage alten hungrigen Welpen wurden in etwa einem Meter Entfernung von der Mutter niedergelegt. Wer als erster die Milchquelle erreichte, von dem nahm man an, daß er später der Klügste, Ausdauernste und Beste würde. Immerhin war er im Augenblick seinen Wurfgeschwistern überlegen, und das ist zumindest ein guter Beginn fürs Leben.

Im Gegensatz zur tragenden Hündin und entsprechend ihrer Welpenzahl muß die säugende Hündin kräftig gefüttert werden. Haferflocken und reichlich Fleisch werden in drei Mahlzeiten gegeben. Ein Zusatz von Vitakalk und geriebenen Möhren versorgt den Nachwuchs durch die Muttermilch mit notwendigen Aufbau- und Abwehrstoffen.

Besondere Aufmerksamkeit müssen wir dem Gesäuge der Hündin widmen. Die Milch kann so kräftig zuschießen, daß der Nachwuchs die anfallende Nahrungsmenge zunächst nicht bewältigen kann. Die hinteren Striche des Gesäuges, dort wo auch die meiste Milche produziert wird, werden leicht hart und heiß. Aus einer Entzündung kann das Milchfieber entstehen. Durch Ausstreichen der Striche verschaffen wir der Hündin Erleichterung und halten gleichzeitig die Milchproduktion in vollem Gange. Schon nach wenigen Tagen schaffen die Welpen das Milchangebot. Die Gefahr einer Gesäugeentzündung besteht kaum noch. Wenn sich dennoch nach zwei bis drei Wochen am Gesäuge um die Striche herum gerötete Stellen zeigen sollten und die Hündin beim Säugen auffallend unruhig wird, so müssen wir uns die Krallen der Welpen ansehen. Sie können nadelscharfe Spitzen haben, durch den kräftiger werdenden Milchtritt bereiten sie der Hündin erhebliche Schmerzen. Mit einer scharfen Schere werden die Spitzen abgekniffen, und die Hündin hat beim Säugen wieder Ruhe.

Nach zehn bis zwölf Tagen öffnen sich die bis dahin fest geschlossenen Augen. Die in dieser Zeit sehr lichtempfindlichen Welpen müssen jetzt vor zu heller Lichteinwirkung geschützt werden. Ein schorfiger Ausschlag – der Milchschorf – ist ungefährlich: Die Welpen haben zu fetthaltige Milch bekommen, die Hündin muß etwas weniger gut gefüttert werden. Etwas später, nach etwa drei Wochen, brechen die Milchzähnchen durch. Jetzt kann auch mit dem Zufüttern begonnen werden, und zwar je nach der Versorgung der Kleinen mit Muttermilch zunächst zwei- bis dreimal täglich.

Für das erste Zufutter werden gehacktes Rind- oder Kalbfleisch, Haferflocken und ein rohes Eigelb mit abgekochtem Wasser zu einem Brei verrührt. Später genügt es, wenn man Fleisch vom gewöhnlichen Hundefutter (z. B. Pansen) durch den Wolf dreht und mit Haferflocken vermischt. Zur Zeit des ersten Zufütterns ist das Erbrechen der Hündin vor ihren Welpen normal. Das von der Hündin vorgekaute Futter ist für die Welpen die bekömmlichste erste feste Nahrung. Zerkleinerte Pansen und Labmagen vom Rind oder vom Wild sind für die Aufzucht der Welpen sehr gesund und werden auch gern genommen. Pansen und Labmagen enthalten Fermente, die ein hervorragendes Prophylaktikum gegen alle Erkrankungen, besonders gegen die Staupe sind.

Die Welpen dürfen nie zuviel Nahrung auf einmal aufnehmen. Durch zu starke Futteraufnahme werden die Bäuche aufgetrieben, das Knochengerüst, Bänder und Sehnen werden überlastet, und es kann zu bleibenden Schäden und Deformierungen kommen. Daher ist es besser, eine Ration mehr zu geben als zuviel Futter auf einmal anzubieten. Keinesfalls vor acht Wochen wird der Welpe von der Mutter abgesetzt. Hat die Hündin noch Milch, so sollte die Säugezeit länger ausgedehnt werden.

Der abgesetzte Junghund erhält anfangs täglich fünf Mahlzeiten, die aus Haferflocken, Fleisch, geschabten Möhren und auch etwas Lebertranwelpenkuchen bestehen. Beim Absetzen darf Kuhmilch zunächst nur vorsichtig gegeben werden, da diese eine ganz andere Zusammensetzung als Hundemilch hat und leicht zu einem für die Welpen gefährlichen Durchfall führen kann. Auch Kalkpräparate und Vigantol sollten dem Futter beigegeben werden. Mit zunehmendem Alter fällt nach und nach eine Mahlzeit aus. Der ausgewachsene Schweißhund von etwa zwei Jahren erhält nur noch einmal täglich Futter, das nach Möglichkeit zu zwei Dritteln tierischen Ursprungs sein soll, der Rest besteht aus Gemüse und Nährmitteln. Als die geeignetste Fütterungszeit halte ich den Abend, denn nachts hat der Hund ausreichend Ruhe zum Verdauen und kann somit das aufgenommene Futter gut verwerten. Am nächsten Tag haben wir einen einsatzbereiten Schweißhund zur Verfügung, der bei seiner Arbeit durch keine frische Futteraufnahme und Verdauung belastet ist.

Knochen bedeuten nicht nur für Welpen und Junghunde eine Gefahr, auch für ältere Hunde sind sie ein ungeeignetes und sogar ein nicht ungefährliches Futter. Wenn man schon den Welpen oder dem Junghund einen Knochen gibt, dann sollte es ein großer und möglichst vom Kalb sein. Mit einem großen Knochen kann am wenigsten passieren. Darmverstopfungen, Verletzungen im Fang, Schlund, Magen und Darm können Folgen einer Knochenfütterung sein. Besonders gefährlich sind scharfsplitterige Röhren- und Geflügelknochen. Die Mineralien, Kalk und Phosphor, die durch Knochenfütterung dem Hund zugeführt werden sollen, können heute auch in Präparaten gereicht werden. Sie sind in fast allen Hundefertigfuttern enthalten.

Die regelmäßig durchgeführten Gewichtskontrollen der Welpen sagen uns, ob der Wurf ausreichend ernährt ist und ob er sich gesund und normal entwickelt. Durch diese Kontrollen werden auch die erheblichen Anforderungen deutlich, die an die Hundemutter während des Säugens gestellt werden. Das Geburtsgewicht eines Schweißhundwelpen kann sich in seiner ersten Lebenswoche beinahe verdoppeln, in der zweiten mitunter mehr als verdreifachen. Das heißt, in der ersten Woche nehmen unsere Welpen 200 bis 350 g, in der zweiten und dritten Woche 250 bis 400 g wöchentlich zu. Nach dem Zufüttern geht die Gewichtszunahme noch schneller voran. Sie liegt in den folgenden Wochen bei 300 bis 600 g wöchentlich. In einem Alter von zwölf Monaten hat der junge Schweißhund meist 90 % seines Endgewichtes erreicht.

Sobald wir bei unseren regelmäßigen Gewichtskontrollen eine zu geringe Zunahme feststellen, ist erhöhte Aufmerksamkeit geboten. Beobachten wir dann bei den Welpen häufiger hochgezogene krumme Rücken und besonders beim

Fressen eingefallene Bäuchlein, so müssen wir mit einem Spulwurmbefall rechnen. Bei den geschilderten Symptomen ist es höchste Zeit, die Welpen zu entwurmen! Der Spulwurmbefall muß vom Züchter sehr ernst genommen werden, denn bei einem starken Befall gehen die Welpen ein. Aber auch ohne diese äußeren Zeichen ist es immer richtig, mit den sechs Wochen alten Welpen eine Wurmkur durchzuführen. Welpen und Junghunde haben fast immer Spulwürmer. Erst wenn die Hunde das erste Lebensjahr vollendet haben, bildet sich eine natürliche Abwehr gegen Spulwürmer aus. Eine Infektion ist schon im Mutterleib möglich, wenn die Spulwurmlarven auf dem Blutweg in den Körper der noch ungeborenen Welpen gelangen. Man ist manchmal erschrocken, welche Knäuel von Spulwürmern nach einer Behandlung aus dem kleinen Welpen herauskommen, obwohl bei der tragenden Mutter eine Wurmkur vorausgegangenen war und trotz größter Sauberkeit im Wurflager und im Zwinger! Am geeignetsten scheint mir für diese Wurmkur Piperazinpaste zu sein. Die Paste wird auf das Futter gestrichen, damit sicher dosiert und ohne weiteres aufgenommen. Die richtige Menge ist wichtig, da alle Wurmmittel Gifte sind, eine Überdosierung also erhebliche gesundheitliche Beeinträchtigungen, meist Schädigungen der Leber, nach sich ziehen kann. Erst nachdem in 14 Tagen die Wurmkur wiederholt wurde, können die Welpen als spulwurmfrei angesehen werden.

Ein anderer Darmschmarotzer, der beim Hunde relativ häufig auftritt, ist der Bandwurm, der in verschiedenen Arten vorkommen kann. Welpen allerdings können in den ersten Lebensmonaten keinen Bandwurm haben, da die Entwicklung von der Finne zum Bandwurm eine gewisse Zeit dauert. Die Feststellung von Bandwurmbefall ist bei einiger Aufmerksamkeit ohne weiteres möglich. Die reifen Glieder liegen meist einzeln deutlich sichtbar auf der Losung des befallenen Hundes, oft bewegen sich die 0,5 bis 1 cm langen und breiten weißen Glieder noch etwas. Da die Zwischenwirte der Bandwürmer je nach der Art der Hundefloh, Maus, Schwein, Rind und Wild sein können, sollten wir verhindern, daß die in den Zwischenwirten lebenden Finnen von den Hunden aufgenommen werden können. Daher sind die Hunde möglichst flohfrei zu halten, Schlachtabfälle und Aufbruch des Wildes sind auf Finnen zu untersuchen. Am besten, man verfüttert Schlachtabfälle nur gekocht.

Die weitaus häufigste Infektionskrankheit ist die Staupe. Der Erreger, ein Virus, kann Hunde jeden Alters befallen, am meisten jedoch Junghunde bis zu 1½ Jahren. Solange die Welpen noch gesäugt werden, sind sie durch Immunstoffe in der Muttermilch ausreichend und sicher geschützt. Das staupegefährlichste Alter liegt zwischen drei bis sieben Monaten. Vorbeugend muß daher in dieser Zeit dem Junghund vermehrt Vigantol und Kalk im Futter beigegeben werden. Der Züchter muß aber wissen, daß auch Vigantol nicht überdosiert gegeben werden darf. Ein Tropfen täglich reicht vollauf! Die Schutzimpfung bietet dem geimpften Hund erst nach 14 Tagen Schutz gegen eine Infektion. Welpen sollten daher gleich zu Beginn der staupegefährdetsten Zeit und nach erfolgreicher Entwurmung, also in der sechsten bis neunten Lebenswoche, schutzgeimpft werden.

Interessant ist, daß von rigorosen, harten Züchtern die Staupeschutzimpfung als eine Gefahr für die Zucht mit der Begründung abgelehnt wird, erblich anfällige Welpen würden dadurch der natürlichen Auslese entzogen und die Staupeanfälligkeit weitervererben. Ein Standpunkt, der in seiner Konsequenz den Prinzipien der Leistungszucht in ihrer Forderung nach Widerstandsfähigkeit gegen Krankheiten aller Art entspricht! Die schmale Zuchtbasis unseres Hannoverschen Schweißhundes läßt jedoch einen Verzicht auf die Schutzimpfung nicht zu.

Keinesfalls darf auf eine Tollwutschutzimpfung verzichtet werden. Zu häufig ist der Schweißhund der unmittelbaren Einwirkung seines Führers entzogen. Das beginnt schon beim jungen Hund während der Einarbeitung, zum Beispiel beim Ausarbeiten der Führerspur, und steigert sich beim fertigen Hund in der Nachsuchenpraxis, denn beinahe 50 % aller Nachsuchen sind mit einer Hetze verbunden. Dabei ist die Gefahr einer Beißerei mit einem tollwutkranken Fuchs durchaus gegeben, aber auch die Möglichkeit, daß der Hundeführer von der Infektion seines Hundes mit dieser stets zum Tode führenden Krankheit gar nichts bemerkt hat. Die erste Tollwutschutzimpfung erhält der Junghund in einem Mindestalter von drei Monaten. Der Schutz hält elf bis zwölf Monate an. Die Impfungen müssen daher alle elf bis zwölf Monate wiederholt werden. Schutzgeimpfte Hunde können den Virus nicht übertragen, das haben Wissenschaft und Erfahrung bewiesen. Aus diesen Erkenntnissen heraus hat sich auch der Verein Hirschmann entschlossen, gegen Tollwut nicht schutzgeimpfte Hunde grundsätzlich nicht mehr an Prüfungen teilnehmen zu lassen.

Auf weitere Erkrankungen einzugehen, ginge im Rahmen dieser Broschüre zu weit. Alle Veränderungen im Wesen und Aussehen des Hundes müssen aufmerksam beobachtet werden, wie das häufige Schütteln der Behänge (Ohrenzwang), krampfartige Anfälle, die in den wenigsten Fällen auf eine Erbkrankheit zurückzuführen sind, Freßunlust, großer Durst und nicht zuletzt das Aussehen des Haares, das ein zuverlässiger Gradmesser des Wohlergehens unseres Hundes ist. In Zweifelsfällen ist es immer richtiger, rechtzeitig einen Tierarzt um Rat zu fragen.

Obwohl die erblich bedingten Voraussetzungen bei unseren Hunden recht gleichmäßig sind, so ist doch in Wesen, Verhalten und Leistungsfähigkeit eine breite Streuung festzustellen. Zu einem nicht geringen Anteil ist dies auf Umwelteinflüsse zurückzuführen, die auf die Entwicklung des Hundes einen entscheidenden Einfluß ausüben. Dabei spielt bereits die Unterbringung eine große Rolle, besonders die Frage: Haltung in der Wohnung oder im Zwinger. Vor- und Nachteile gibt es zweifelslos für beide Möglichkeiten.

Wir Schweißhundführer brauchen abgehärtete, widerstandsfähige Hunde, um die uns gestellten Aufgaben zu jeder Jahreszeit und bei jedem Wetter erfüllen zu können. Ohne Zweifel sind jene Hunde am gesundesten und widerstandsfähigsten, die im Freien bzw. im Zwinger aufgezogen und gehalten werden. Man sehe sich nur das Haarkleid eines in der Wohnung und eines im Freien aufgezogenen und lebenden Hundes an! Der eine ist knapp behaart, das

Haar ist seidig weich, die Unterwolle fehlt meist ganz. Die Beharrung des im Freien aufgezogenen Hundes wirkt dagegen wie ein dichter Pelz! Dieser wetterfeste Schutz macht ihn unempfindlich gegen Regen, Schnee und Kälte. Bei solchem Hund brauchen wir nicht zu befürchten, er könnte gesundheitlich Schaden nehmen, wenn er einmal bei Frost und Schnee abends von einer Hetze nicht zurückkommt. Auch ist er weit besser gegen kleinere Verletzungen durch Dornen usw. geschützt. Dem verweichlichten Stubenhund dagegen ist bereits das nasse Gras sichtlich unangenehm, auch gegen Dornen, Brennessel u. ä. ist er weit empfindlicher. Bei sehr widrigen Witterungsverhältnissen kommt es vor, daß diese Hunde die Arbeit sogar verweigern.

Sicherlich hat die Haltung in der Wohnung Vorteile. So ist die enge Verbindung zwischen Führer und Hund stets vorhanden. Der Führer lernt leichter und schneller die Eigenarten seines Jagdkameraden durch den ständigen Umgang mit ihm kennen. Der für den Erfolg einer Schweißarbeit so wichtige enge Kontakt zwischen Führer und Hund ist zweifellos eher gewährleistet als bei einer Zwingerhaltung. Aber wie allgemein zum Schweißhundführer viel Einfühlungsvermögen und Fingerspitzengefühl gehören, so muß der Schweißhundführer auch bei der Haltung in der Wohnung oder im Zwinger das richtige Maß finden. Recht gern hält sich auch der das Freie gewöhnte Hund im Haus auf. Gut erzogen, wird er in der Wohnung und in der Familie gern gesehen. Die frische Luft gewöhnt, drängt er aber von allein wieder hinaus. Die warme Zimmerluft ist ihm offensichtlich unangenehm.

Noch andere Gründe sprechen für die Zwingerhaltung, zumindest für die Gewöhnung an den Zwinger. Schweißhunde werden nicht selten von wehrhaftem Wild geschlagen oder geforkelt. Die Folgen der Verletzungen können so schwer sein, daß sie eine Zimmerhaltung nicht mehr zulassen. Für einen älteren verletzten Hund könnte die plötzliche Umstellung auf die Zwingersituation einen schweren Schock zur Folge haben. Auch die Hausfrau wird nicht böse sein, wenn ein verdreckt und verschmutzt aus dem Revier kommender Hund zunächst im Zwinger untergebracht wird.

Zusammenfassend stelle ich fest: Die Freude am Hund wird allgemein ungetrübter sein, wenn dieser gleicherweise an Wohnung und Zwinger gewöhnt ist.

Der Zwinger muß allerdings so angelegt und gebaut sein, daß sich der Hund in ihm auch wohl fühlt. Zum Vorteil der Schweißhundhaltung wohnen die meisten Schweißhundführer so wenig beengt, daß die Platzfrage für den Zwingerbau ohne größere Schwierigkeiten gelöst werden kann. Man wähle eine windgeschützte Stelle, von wo der Hund möglichst viel vom Leben der Familie mitbekommt und die vom Haus gut einzusehen ist. Bereits das Teilhaben und Beobachten am täglichen Geschehen hat einen wesentlichen Einfluß auf die Entwicklung des Hundes.

Ein Zwinger sollte in gleicher Weise für den Sommer- und den Winteraufenthalt geeignet sein. Und da erfahrungsgemäß viele junge Schweißhundführer zunächst nur einen Schweißhund halten und führen wollen, später aber auch zur

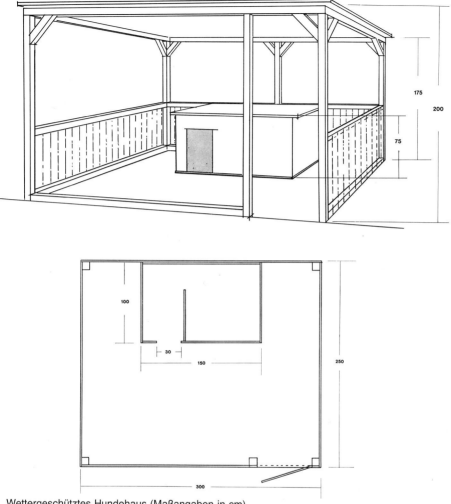

Wettergeschütztes Hundehaus (Maßangaben in cm)

Zucht übergehen, sollte von vornherein beim Bau des Zwingers die spätere Welpenaufzucht berücksichtigt werden.

Ideal ist es, in dem mit einem festen Maschengeflecht eingefriedeten Zwinger ein wettergeschütztes, überdachtes Hundehaus zu bauen, in dem wiederum eine auch als Wurfkiste geeignete Hütte steht. Eine Grundfläche von 3 m × 2,50 m für das Hundehaus ist ausreichend. Fußböden aus Stein oder Zement sind zwar leichter sauber zu halten, ziehen aber Feuchtigkeit an und sind kalt. Für die Welpenaufzucht sind sie auf jeden Fall ungeeignet. Ein Holzfußboden ist gesund und warm. Die etwa zwei Meter hohen Wände sind so zu konstruieren, daß die Vorderwand ganz zu entfernen geht. Seitenwände und Rückwand erhalten bis etwa zur halben Höhe eine feste Bretterverschalung. In der kalten Jahreszeit werden alle Wände bis auf den Eingang mit Hartfaserplatten geschlossen, so entsteht um die eigentliche Hütte ein stets trockener und zugfreier Platz, auf dem sich der Hund auch bei Schnee und Regen ausreichend bewegen kann.

Die Hütte steht auf einem 1,50 m × 1,00 m großen Bodenbrett. Die ungefähr 75 cm hohen, doppelwandigen Seitenwände werden durch einen abnehmbaren Deckel abgeschlossen. Fußboden, Wände und Deckel sind auf Nut und Feder gearbeitet, so daß der Innenraum vollkommen zugfrei wird. Zu groß darf der Innenraum nicht sein, da er ja allein von der Körperwärme des Hundes erwärmt werden muß. Das Einschlupfloch befindet sich an einem Ende der Vorderfront. Eine Querwand teilt den Innenraum und verhindert das direkte Eindringen von Kaltluft in den hinteren, den größeren Raum, den Schlafraum.

Das flache Dach der Hütte wird vom Hund gern als Liegeplatz benutzt und bietet ihm einen idealen Ausblick zur Beobachtung seiner Umwelt.

Erziehung und Abführung

> „Gleichgültig wie gut die ererbten Charakter-Eigenschaften eines Hundes auch sein mögen, er wird nie so gut werden, wie er hätte werden können, wenn seine Anlagen bis zu einem Alter von 16 Wochen nicht entwickelt und gefördert wurden!"
> (Pfaffenberger)

Fast alle uns überlieferten Methoden zur Erziehung und Einarbeitung des Hannoverschen Schweißhundes haben eine spät beginnende, lange Abführungszeit gemeinsam. Man war der Meinung, der junge Schweißhund müßte im ersten Lebensjahr sich weitgehend selbst überlassen bleiben und könnte in diesem Alter noch nicht angeleitet und ausgebildet werden. Grund hierfür war die Annahme, der Hannoversche Schweißhund wäre spätreif. So standen denn auch die nach dieser Methode abgeführten Hunde erst mit etwa drei Jahren voll im praktischen Jagdbetrieb.

Die bekannteste uns überlieferte Einarbeitungsweise, die „Jägerhofmethode", sah als Abführungsalter auf der kalten Gesundfährte ein bis anderthalb Jahre vor, für den Beginn der Arbeit auf der Wundfährte zwei Jahre und für die erste Hetze möglichst ein Lebensalter von drei Jahren. Auch Anleitungen von „Altmeistern" der Schweißhundführung in der neueren Zeit bekräftigen die Annahme einer späten Entwicklung des Hannoveraners. So läßt Rädecke (1913) die Lehrzeit erst mit etwa einem bis anderthalb Jahren beginnen, die erste Wundfährte darf nach ihm nicht vor anderthalb Jahren gearbeitet werden. Müller-Hahnenklee (1926) nimmt erst mit einem Jahre den jungen Schweißhund an die Halsung. Die erste Wundfährte erhält der Hund „vor kaum zwei Jahren", hierzu macht Müller-Hahnenklee noch die Einschränkung: „aber nicht alle Hunde sind so früh schon entwickelt". Noch in der 1952 erschienenen zweiten

Auflage dieses jetzt neu überarbeiteten Leitfadens wird vom Verfasser der Schweißhund als eine „spätreife Rasse" bezeichnet.

Das ist eine Behauptung, die meines Erachtens durch nichts anderes begründet ist als durch die über Generationen überlieferten spät beginnenden Einarbeitungszeiten! Bei jeder Hunderasse gibt es früh und spät entwickelte Hunde, also auch bei den Hannoverschen Schweißhunden. Verallgemeinerungen vereinfachen zwar die Probleme, lösen sie aber nicht – im Gegenteil, sie führen häufig zu falschen Schlüssen. Von einem Hund, der sich im ersten Lebensjahr weitgehend allein überlassen bleibt, dessen Führer sich in diesem für die Entwicklung des Hundes so wichtigen Jahr kaum mit ihm beschäftigt und dessen Anlagen und Fähigkeiten in den kritischen Lebensmonaten nicht geweckt und gefördert werden, von dem kann auch keine frühere Entwicklung erwartet werden!

Neue wissenschaftliche Untersuchungen haben gezeigt, daß das Gehirn des Junghundes mit etwa 16 Wochen nahezu ausgewachsen ist und daß die größte Aufnahmefähigkeit des Hundes im Alter von etwa 15 bis 25 Wochen liegt. In dieser Zeit empfangene Eindrücke wirken prägend auf die Entwicklung. Diese Erkenntnis machen eine frühzeitige Erziehung und vor allem eine frühzeitige Anlageförderung erforderlich. Das bedeutet, der Führer muß sich mit seinem jungen Hund in den für die Entwicklung entscheidenden Lebensmonaten ganz intensiv beschäftigen! Er muß versuchen, die Eigenschaften und Anlagen möglichst frühzeitig zu erkennen, sie durch entsprechende Maßnahmen zu fördern und zur Entwicklung zu bringen. So wird bereits der Welpe in zweckmäßiger Weise auf sein späteres Aufgabengebiet – beim Schweißhund den Gebrauch der Nase – vorbereitet.

Diese modernen Erkenntnisse sind durchaus keine Theorie! Es gibt heute eine größere Anzahl sehr erfolgreicher Schweißhundführer, die mit der rechtzeitigen Förderung der Anlagen des Junghundes und mit dem Beginn der Einarbeitung im frühen Alter überzeugende Erfolge in der Nachsuchenpraxis aufzuweisen haben. Aus eigener Erfahrung kann ich sagen, alle meine Hunde sind in etwa nach diesen Gesichtspunkten abgeführt worden, und jeder von ihnen hat bis zu einem Alter von spätestens zwei Jahren seine erste erfolgreiche Hetze gehabt! Ein Rüde sogar bereits mit elf Monaten eine Kalbhetze, die bekanntlich nicht gerade die leichteste ist.

Hierzu noch ein eklatantes Beispiel: ein junger ungarischer Schweißhundführer, der nichts von der „Spätreife" und von dem bisherigen Einarbeitungsalter wußte, bekam die Weisung, sich nach ihm übergebenen Richtlinien möglichst früh und intensiv mit dem jungen Hannoveraner zu beschäftigen. Er sollte ihn auf keinen Fall überfordern und die Ausbildung nicht forcieren. Im Alter von sechs Monaten ließ er seinen Junghund die erste, gar nicht einmal so leichte Wundfährte arbeiten. Mit Erfolg! Mit sieben Monaten machte dieser Hund seine erste Hetze, die allerdings in ihrer Anforderung der physischen Entwicklung des Junghundes entsprach. Und mit drei Jahren hatte dieser Rüde bereits 140 erfolgreiche Nachsuchen auf Hochwild, davon 50 % mit Hetzen, aufzuweisen! Also in einem Alter, in dem nach den überlieferten Einarbeitungsmethoden dem

87

Hannoverschen Schweißhund dazumal die erste Hetze angeboten werden sollte!

Auf Grund der bereits erwähnten neuen kynologischen Erkenntnisse, erhärtet durch praktische Erfahrungen und Erfolge mit früh eingearbeiteten Hunden, hat auch der Zuchtverein (Verein Hirschmann) seine Prüfungsbestimmungen geändert und das Mindestalter für die Zulassung zur Vorprüfung auf zwölf Monate herabgesetzt. Die Prüfungsergebnisse mit den unerwartet guten Leistungen, die die jungen Hunde gezeigt haben, und die inzwischen vorliegenden jährlichen Leistungsberichte aus der Nachsuchenpraxis dieser jungen Hunde lassen hoffen, daß die noch weit verbreitete Meinung, der Hannoversche Schweißhund wäre ein spätreifer Hund, revidiert wird und bald an Einfluß verliert.

Die ,,Hannoversche Jägerhofmethode" mit ihrem Kern der Abführung auf der kalten Gesundfährte ist nach wie vor das Grundkonzept bei der Ausbildung. Nur müssen wir heute wesentlich früher mit der Förderung und Entwicklung der natürlichen Anlagen, mit der Erziehung und Abführung beginnen.

In einem Alter von acht bis neun Wochen werden die Welpen vom Züchter an die zukünftigen Führer abgegeben. Aus guter Zucht stammend, gesund aufgezogen, entwurmt und schutzgeimpft bringen sie meist alle Voraussetzungen für den jetzt beginnenden, für ihre weitere Entwicklung so entscheidenden Lebensabschnitt mit. Fast immer liegt es am Hundeführer, ob aus dem ihm anvertrauten Junghund ein leistungsfähiger Nachsuchenspezialist wird. Und dieses Ziel wird mit großer Wahrscheinlichkeit erreicht, wenn der Hundeführer die notwendigen Voraussetzungen für Erziehung und Abrichtung mitbringt.

Die Schweißhunde sind wie auch Hunde anderer Rassen in ihrer Psyche, ihrem Wesen so unterschiedlich geartet, daß die Abführung in jedem Falle individuell abgestimmt sein muß. Das erfordert vom Hundeführer viel Einfühlungsvermögen, gute Beobachtungsgabe und nicht zuletzt sehr viel Geduld. Intensive Beschäftigung vom Zeitpunkt der Übernahme an verhindert geistiges Verkümmern des Junghundes, fördert das gegenseitige Kennenlernen und bewirkt, was mit am wichtigsten ist, daß Führer und Hund einander verstehen. Ohne diese Verständigung und unbedingtes Vertrauen ist eine spätere erfolgreiche Zusammenarbeit kaum denkbar.

Dem aus seiner vertrauten Umgebung und aus der Gemeinschaft von Mutterhündin und Wurfgeschwistern gerissenen Welpen muß der Führer in dieser Zeit Mutter und Wurfgeschwister zu ersetzen versuchen. Dazu muß er viel mit ihm zusammen sein. So sollte er ihm das Futter geben, zeitweilig sollte er ihm auch als Spielgefährte zur Verfügung stehen. Bald wird sich dann der Junghund auf seine neue Umgebung umgestellt haben. Um diesen engen Kontakt zu erreichen, ist es notwendig, den Hund zunächst voll in die Hausgemeinschaft aufzunehmen. Ihn zu einem erträglichen und angenehmen Hausgenossen zu erziehen, wird daher erste Aufgabe sein. Dabei ist es wesentlich, auf einen geordneten Tagesablauf des Junghundes zu achten. Sein Futter erhält er pünktlich stets am gleichen Platz und aus dem gleichen Napf. Um ein Betteln bei Tisch zu vermeiden, sollte er vor den Mahlzeiten der Familie gefüttert werden.

Regelmäßige Ruhestunden nach dem Fressen fördern seine körperliche Entwicklung.

Als Lager wird ihm ein fester Platz in der Wohnung zugewiesen, nur diesen darf er für seine Schlafpausen benutzen. Junghunde brauchen ein Spielzeug, das nach Möglichkeit so geartet sein soll, daß es gleichzeitig das Bedürfnis des jungen Hundes, auf irgend etwas herumzukauen, befriedigt. Also geben wir ihm einen alten Schuh oder Pantoffel, Gegenstände, die immer große Anziehungskraft auf einen jungen Hund ausüben. Sorgen wir am Anfang noch dafür, daß dieses Spielzeug mit auf seinen zugewiesenen Schlafplatz kommt, so erreichen wir zusätzlich, daß sich unser Welpe schnell an diesen einen Platz gewöhnt.

Nach einigen Tagen der Eingewöhnung an die neue Umgebung lassen wir den jungen Hund zunächst während seiner Schlafpausen allein, damit er beizeiten lernt, auch allein zu bleiben. Sein Lager weisen wir ihm mit dem Wort „Platz" an. Für die Verständigung zwischen Führer und Hund ist es äußerst wichtig, von Anfang an für bestimmte Verrichtungen, die vom Hund verlangt werden, stets dieselbe Vokabel anzuwenden. Der Hund bringt das gleichklingende Wort bald mit einer bestimmten Aufforderung bzw. Aufgabe in Verbindung. Das „Platznehmen" in der Wohnung ist zugleich eine Vorübung für das spätere „Ablegen" in der Praxis.

Eine konsequente Ordnung im Tagesablauf des Junghundes erleichtert auch wesentlich die Erziehung zur Stubenreinheit. Nach den Fütterungen und nach den Schlafpausen muß sich das junge Tier erleichtern. Dazu bringt man es draußen möglichst immer auf den gleichen Platz und lobt es, wenn es sein Geschäft erledigt hat. Zwischendurch kann man häufig den richtigen Zeitpunkt an seinem unruhigen Herumschnüffeln abpassen. Dennoch wird sich trotz guter Beoachtung ein Malheur in der Wohnung nicht verhindern lassen. Strafen oder andere häßliche Maßnahmen wären falsch. Der junge Hund hat seine Körperfunktionen noch nicht genügend in der Gewalt, auch kann er sich uns noch nicht ausreichend verständlich machen. Durch viel Lob, Aufmerksamkeit und einen regelmäßigen Tagesrhythmus läßt er sich recht schnell zur Stubenreinheit erziehen.

Wenn der junge Hund ohnehin zu uns kommt, rufen wir ihn bei seinem Namen und ermuntern ihn zum Kommen. Folgt er unserer Aufforderung, wird er abgeliebelt und erhält eine Belohnung. Leckerbissen in Form von festen kleinen Hundekuchen dürfen während der Zeit der Erziehung und Abführung des jungen Schweißhundes nie in der Tasche des Schweißhundführers fehlen, denn auch beim Schweißhund geht die „Liebe durch den Magen"!

Ohne daß der Junghund es als eine „Übung" empfindet, kann auch das „Setzen" bei dieser Gelegenheit geübt werden. Der auf Ruf herankommende Hund wird mit einer Hand unter dem Fang, mit der anderen auf der Kruppe durch sanften Druck nach rückwärts zum Sitzen gebracht. Auch hierbei wendet man stets das gleiche Wort „Sitz" an.

In diesem empfindsamen Alter dürfen die Übungen und die Beschäftigung keinesfalls den Charakter einer konsequenten Abrichtung haben. Es gilt, den

Junghund kaum merklich, ja spielerisch in ein uns wünschenswertes Verhalten zu lenken. Überforderung, stärkerer Zwang bei der Erziehung können in diesen Lebensmonaten für die Entwicklung der empfindsamen, verspielten Junghunde üble Folge haben. Leicht können sie durch falsch verstandene und verkehrt durchgeführte Früherziehung handscheu, ängstlich und verdorben werden.

Bereits mit zehn bis zwölf Wochen müssen wir dem jungen Hund Gelegenheit geben, seine Sinne zu entdecken und diese zweckmäßig anzuwenden. Dem jungen Schweißhund sollten wir möglichst frühzeitig Möglichkeiten bieten, das für seine Aufgabe wichtigste Sinnesorgan, die Nase, zu gebrauchen. Am einfachsten geschieht dies durch Legen von Futterschleppen. Zu seiner gewohnten Fressenszeit legen wir die erste nur wenige Meter lange Futterschleppe, an deren Ende als Belohnung das gewohnte Futter steht. Hat der junge Hund erst einmal begriffen, daß er mit Hilfe seiner Nase zum Ziel kommt, dann können die Schleppen länger und schwieriger mit Bogen und Haken werden. Dabei ist darauf zu achten, daß die Schleppe mit Nackenwind gelegt wird, zumindest muß das Ende der Schleppe so liegen, daß der Hund nicht Wind von seinem Futternapf bekommt. Das würde ihn auf jeden Fall verleiten, den Kopf hochzunehmen und mit hoher Nase zu arbeiten. Von Anfang an muß der Schweißhundführer darauf achten, daß sein Hund mit tiefer Nase arbeitet! Schleppen und Fährten daher möglichst mit Nacken- oder Seitenwind ausarbeiten lassen. Sie dürfen auch nicht zu frisch sein. Die Wittrung muß bereits soweit verflogen sein, daß der Hund gezwungen ist, seine Nase herunterzunehmen.

Hat man das Glück, mehreren Welpen bei diesen ersten Übungen zuschauen zu können, so ist es äußerst interessant, die unterschiedliche Verhaltensweise zu beobachten. Der eine arbeitet Schritt für Schritt seine Schleppe aus, ein anderer läßt sich schon beim dritten oder vierten Mal hierzu keine Zeit mehr, stürmt am Beginn der Schleppe los und versucht, mit hoher Nase zum Ziel zu kommen. Der Welpe, mit dem der Beutetrieb und die Suchpassion durchgehen und der mit hoher Nase seine Beute suchen will, muß in Zukunft an einem leichten Riemen seine Schleppe ausarbeiten. Wenn man dem Welpen am Beginn seiner Schleppe die Halsung anlegt, so merkt er das vor lauter Passion und in Erwartung seines Fressens anscheinend gar nicht, läßt sich auch beim Ausarbeiten der Schleppe durch den ihm neuen Riemen absolut nicht stören. Durch den Riemen wird sein Temperament gezügelt, langsam muß er mit tiefer Nase die Schleppe arbeiten. Er tut dies auch, da er schon die Erfahrung gemacht hat, am Schluß erwartet ihn sein Fressen, seine Beute. Ein hübsches, ein faszinierendes Bild ist es, diese kaum zwölf Wochen alten Junghunde mit tiefer Nase eifrig am langen Riemen arbeiten zu sehen, beinahe schon in der Manier eines richtigen Schweißhundes. Für den Führer ein Ansporn, weiterhin Anlagen und Fähigkeiten zu wecken und zu fördern. Die Schleppen können etwas später mit frischem Aufbruch gelegt werden. Auf diese Weise lernt der Welpe auch schon die Schweißwittrung kennen.

Nicht allein die Nase wird durch diese Übung von frühester Jugend an trainiert, sondern auch Fährtenwille und Beutetrieb werden geweckt, und der junge Hund wird nebenbei ganz von selbst riemenführig. Er verbindet von vornherein seinen kleinen Riemen mit etwas Angenehmem und nicht mit Zwang und Freiheitsberaubung. Auch das ,,An-den-Riemen-Nehmen" muß von Anfang an eine gleichbleibende, unter Anwendung gleicher Worte erfolgende Handlung sein. Mit ,,Komm her" wird der Hund herbeigerufen, auf ,,Sitz" setzt er sich ruhig vor seinen Führer, und mit ,,Hals an" wird ihm langsam und ohne Hast die Halsung angelegt. Wenn dies alles in Erwartung seines Fressens geschieht, wird er unseren Aufforderungen freudig nachkommen, und so können bereits eine ganze Reihe von Gehorsamsübungen vollkommen ohne Zwang und beinahe spielerisch mit unserem jungen Schweißhund eingeübt werden.

Jetzt kann uns der junge Hund auch bereits auf Reviergängen begleiten, allerdings dürfen wir ihn hierbei körperlich nicht überfordern. Er folgt frei, so kann er sich am besten mit der neuen Umgebung vertraut machen. Unbehindert interessiert er sich für alles Mögliche, und viele neue Eindrücke wirken auf ihn ein. Die freie Folge fördert die Selbständigkeit und das Selbstbewußtsein des jungen Hundes. Entfernt er sich bei einem Reviergang mal etwas weiter, so benutze ich gern diese Gelegenheit, um mich unter Wind unbemerkt zu verstecken. Nach anfänglichem, erstauntem Zögern wird sich der junge Hund bald seiner Nase erinnern und mit ihrer Hilfe die Spur seines Herrn ausarbeiten. Dies ist nicht nur ein kleines Nasentraining, der Hund verliert auch die Scheu, sich von seinem Führer zu entfernen. Er klebt nicht mehr ängstlich an ihm! Er weiß, durch Gebrauch seiner Nase findet er seinen Herrn wieder. Schon hier wird ein wichtiger Grundstein für die spätere rauhe Praxis gelegt.

Freiheit, die wir dem jungen Hund auf unseren Reviergängen gewähren, stärkt sein Selbstbewußtsein und fördert die für die Nachsuchenpraxis unbedingt notwendige Selbständigkeit. Gerade dem ruhigen, etwas schwereren Typ, dem Leithundtyp, muß in der Jugendzeit viel Freiheit gegeben werden. Bei einem Hund, der entsprechend den bisherigen Erziehungs- und Abführmethoden stets sorgsam am Riemen geführt wurde, der spät erst Wildwitterung kennenlernen durfte, bei dem mußte m. E. die Hetzfreudigkeit verkümmern, zumindest wurde sie zu spät geweckt. Ist es da verwunderlich, wenn ein derart abgeführter Hund, zumal dann, wenn er noch viel Wesensmerkmale des Leithundes aufweist, nicht hetzen will, wenn er das erste Mal dazu Gelegenheit erhält?! Er weiß ja gar nicht, was er, auf der Schweißfährte am letzten Wundbett geschnallt, mit seiner plötzlich erlangten Freiheit anfangen soll! Er klebt an seinem Führer und wird nach wenigen hundert Metern Hetze wieder zurückkommen.

Es drängt sich förmlich die Frage auf, ob die überlieferte klassische Art der Abführung des Hannoverschen Schweißhundes nicht zwangsläufig dazu führen muß, daß die Hetzfreudigkeit systematisch unterdrückt wird. Wie ist es sonst zu erklären, daß einige Hunde erst im späten Alter ihre Hetzfreudigkeit entdecken? Sie entdecken sie nämlich erst dann, wenn sie bereits mehrere Male vergeblich am kranken Wild geschnallt wurden, im Laufe der Zeit eigene Erfahrungen in der Praxis sammelten und sich dabei der ihnen plötzlich gewährten Selbständigkeit bewußt werden. Was nützt der brav riemenführige Hund, der sich stundenlang ablegen läßt und auch am Riemen tadellos zum kranken Stück führt, wenn er nicht hetzt?! Wir brauchen in der Nachsuchenpraxis hetzfreudige Hunde. Von den über 600 angeschweißten Stück Hochwild, die ich bisher mit Hilfe meiner Hunde zur Strecke gebracht habe, sind 53 % erst durch eine Hetze zur Strecke gekommen. Auch die Auswertung der Leistungsnachweise des Vereins Hirschmann über einen Zeitraum von 15 Jahren weist nach, daß rund 43 % aller Nachsuchen erst nach einer Hetze zum Erfolg führen! Nur wenn wir unsere Hunde zur Selbständigkeit erziehen, ihnen in der Jugend ausreichend Freiheit gewähren, ihr Selbstbewußtsein stärken, dann werden wir Hunde erhalten, die nicht ängstlich an ihren Führern kleben, sondern, wie es die Praxis zwingend fordert, passioniert und anhaltend hetzen!

Das alles ist um so notwendiger, da heute der Schweißhund beinahe ausschließlich im Auto befördert wird. Die Schweißhundführer sind beruflich derart eingespannt, daß das Kraftfahrzeug unentbehrlich geworden ist. Sicherlich bringt das für die Abführung Nachteile, aber auch unbestreitbare Vorteile. Beim Ansitz, bei Reviergängen oder -fahrten beobachtete, uns für die Einarbeitung des Hundes günstig erscheinende Wildfährten können mit Hilfe des Autos nach einer angemessenen Zeit schnell wieder erreicht werden, um sie vom Hund arbeiten zu lassen. Zu Fuß oder mit dem Fahrrad war das früher weit mühevoller und zeitraubender. Auch ist durch das Kraftfahrzeug das Einsatzgebiet eines Nachsuchenspezialisten weit größer geworden. Dadurch wird die Schweißhundhaltung auch in weniger gut besetzten Hochwildgebieten jetzt durchaus möglich und rentabel.

Demgegenüber stehen die Nachteile der Motorisierung: Der Hund hat nicht mehr genügend Gelegenheit, sich so intensiv wie früher mit seiner Umgebung vertraut zu machen, sein Orientierungsvermögen wird nicht ausreichend gefördert und kann sich daher nicht genügend entwickeln. Das mag der Grund sein, weshalb heute Schweißhundführer immer häufiger klagen, den Hunden mangele es am Orientierungsvermögen, so fänden sie zum Beispiel nach einer Fehlhetze häufig nicht zu ihrem Führer zurück. Das Ausarbeiten der Führerspur ist darum heute notwendiger als je zuvor. Diese Übung allein in der bereits beschriebenen Art während gelegentlicher Reviergänge durchzuführen, genügt jedoch nicht. So empfiehlt es sich, die Arbeit auf der Führerspur systematisch in der Form zu üben, daß ein Gehilfe den Hund auf die Spur seines Führers setzt. Damit wird auch im Ernstfall dem geschnallten Schweißhund in fremden Revieren das Zurückfinden zu seinem Herrn erheblich erleichtert werden.

Bei dem freien Mitlaufen während der Reviergänge wird es über kurz oder lang vorkommen, daß der junge Hund plötzlich Laut gibt. Zunächst ist es nur ein kurzes Anstoßen. Wahrscheinlich hat er seine erste Begegnung mit einem Stück Wild gehabt, das vor ihm flüchtig wurde. Bei den nächsten Malen wird dieses Lautgeben fast schon wie Hetzlaut klingen. Ein Moment, auf den ich bei meinen Hunden immer mit großer Spannung gewartet habe. Weiß ich doch jetzt, mit aller Wahrscheinlichkeit wird mein Hund später laut hetzen! Von diesem Augenblick an muß aber die Freiheit beschnitten werden. Der junge Hund gehört nunmehr an den Riemen, besonders in Revierteilen, wo jederzeit mit Wild zu rechnen ist. Sein Fährten- und Hetzwille, geweckt und angeregt, muß jetzt in vernünftige Bahnen gelenkt werden. Die eigentliche Abführung des inzwischen fünf bis sechs Monate alt gewordenen Hundes, sei es auf künstlichen Schweißfährten, sei es auf kalter Gesundfährte oder auch schon auf leichten natürlichen Wundfährten, kann beginnen.

Bevor wir aber mit dem planmäßigen Einarbeiten auf der Fährte, der Riemenarbeit, anfangen, soll der junge Schweißhund so weit ausgebildet sein, daß er einige Gehorsamsfächer sicher beherrscht. Bis zu diesem Zeitpunkt muß er bereits ein uns im Revier angenehmer, keinesfalls störender Begleiter sein. Dann kann die Abführung auf der Fährte ungestört und damit methodisch richtig ablaufen. Es ist ja wirklich nicht viel, was hinsichtlich Gehorsams vom Schweißhund verlangt wird.

Riemen und Halsung hat er sehr früh, bereits als Welpe, bei den Futterschleppen kennen- und liebengelernt, so daß er auf „Hals an" freudig zu uns kommt, sich unaufgefordert vor uns setzt und sich gern die Halsung anlegen läßt. Der Schweißhund wird am aufgedockten, umgehängten Riemen an der linken Seite geführt. Der gut veranlagte Hund hat dauernd die Nase auf dem Boden. Er soll daher etwa einen halben Meter halblinks vor seinem Führer gehen. Dann kann er alles Interessante auf dem Boden ohne Störung wahrnehmen, wir können ihn dabei gut beobachten und werden auf vieles durch sein Verhalten aufmerksam gemacht. Für den Führer ist es eine Freude zu sehen, wie eifrig der Hund ununterbrochen den Boden mit der Nase beschnüffelt.

Der mit seinem Hund verwachsene Führer erlebt doch ein gut Teil mehr als der Jäger, der ohne den aufmerksamen Gehilfen durchs Revier geht. Auf alles wird man durch seinen Begleiter hingewiesen, auf die kaum sichtbaren Wildfährten, auf die Marderlosung am Wegrand, ob ein Fuchs die Schneise kreuzte, auf Fallwild in der Dickung, überhaupt auf alles, was seine Nase wahrnimmt, macht er uns aufmerksam und zeigt es uns. Wir allein mit unseren Sinnen hätten das alles nicht bemerkt und wären achtlos daran vorübergegangen. So wird ein Reviergang mit solchem Begleiter auch für uns erlebnisreicher. Der Hund lehrt uns das Lesen einer uns unsichtbaren Schrift und offenbart Geheimnisse, die uns ohne ihn unbekannt geblieben wären.

Natürlich darf er bei diesen Gängen nicht im Riemen liegen und zerren. Das muß ihm mit dem Ruf „Zurück" energisch verwiesen werden. Schwieriger wird ein Gang durch dichtes Stangenholz. Um den Hund auch dort riemenführig zu machen, gehen wir hart rechts an den Stangen vorbei. Anfangs wird der an unserer linken Seite gehende Hund immer links an den Stämmen vorbei wollen und wird dabei zurückgerissen. Bereits nach kurzer Zeit merkte er jedoch, daß er, um ungehindert voranzukommen, dem Hindernis zwischen ihm und seinem Führer ausweichen muß. Diese Gänge durch dichtes Stangen- oder Gertenholz erfordern vom Hund große Aufmerksamkeit. Sie sind für ihn sehr anstrengend. Mit einem jungen Hund darf diese Übung daher nicht zu lange ausgedehnt werden.

Das „Platznehmen" des Welpen in der Wohnung war bereits eine gute

Vorübung für das „Ablegen". Mit dieser Gehorsamsübung werden wir draußen im Revier kaum Mühe haben, zumal die Schweißhunde das Ablegen fast aus Naturanlage machen. Sie werden stets am Schweißriemen abgelegt, er wird dabei nicht von der Halsung gelöst. Zunächst befestigt man den Hund an einem Baum. Es empfiehlt sich, den Riemen für diesen Zweck um eine kurze schwache Kette zu verlängern, da fast jeder junge Hund dazu neigt, sich abzuschneiden. Die Kette läßt es erst gar nicht zum Abschneiden kommen. Wir sollten alles daransetzen, das zu verhindern, denn ist es dem Hund erst einmal gelungen, den Riemen durchzubeißen, so hat man Schwierigkeiten, es ihm wieder abzugewöhnen.

Auf das Kommando: „Ablegen" soll der Hund ruhig auf dem ihm zugewiesenen Platz verbleiben, bis er wieder abgeholt wird. Dabei ist es unwesentlich, ob er sich setzt oder hinlegt, wichtig ist, daß er an seinem Platz verbleibt. Zunächst entferne man sich nur kurz und lediglich so weit, daß man den Hund noch beobachten kann, um gegebenenfalls sofort eingreifen zu können. Dann steigert man Zeit und Entfernung, auch wird der Hund nicht mehr festgebunden, er liegt am Riemen frei. Beim Abholen liebelt man ihn ab und lobt ihn. Eine gute Übung ist es, beim Zurückkommen zunächst am Hund vorbeizugehen, ohne ihn zu beachten und erst nach einiger Zeit erneut zurückzukehren, um ihn dann wieder mitzunehmen. Niemals ruft der Führer den Hund ab, sondern stets holt er ihn ab, auch wenn das unbequem ist, weil es einige Schritte mehr im Gelände erfordert! Beim Abholen lege man dem Hund die Hand auf den Kopf und sage: „So recht, mein Hund, komm!" Er sollte nie in die Versuchung geraten, mit schleppenden Riemen nachzukommen. Hat er das einmal getan, muß er wieder fest abgelegt werden. Eine konsequente Durchführung der Ablegeübungen soll das Gehen des Hundes mit schleppenden Riemen möglichst ganz ausschalten. Es können Fälle in der Praxis vorkommen, wo das Entfernen des Hundes mit schleppenden Riemen sehr unangenehm, ja sogar für den Hund verhängnisvoll werden kann, wie zum Beispiel Hetzen. Der Schweißhund sollte auch daran gewöhnt werden, an Sachen abgelegt zu werden, die mit dem Geruch des Hundeführers behaftet sind, also Rucksack, Sitz, Stock usw. Auch diese Maßnahme kann uns bei der späteren Nachsuchenarbeit sehr von Nutzen sein. Dann nämlich, wenn nach langen Fehlhetzen an markanten Punkten, wie am Ausgangspunkt der Suche bzw. der Hetze oder an Stellen, wo die Hetze Wege kreuzte, ausgelegte Sachen des Hundeführers den zurückkommenden Schweißhund veranlassen sollen, sich an diesen, ihm vertrauten Sachen abzulegen, bis er von seinem Führer abgeholt wird.

Die Ablegeübungen bieten auch gute Gelegenheit, den Hund schußfest zu machen. Hierzu wird in zunächst etwas weiterer Entfernung vom abgelegten Hund ein Pistolenschuß abgegeben. Bei den nächsten Übungen – allerdings stets abhängig vom Verhalten des Hundes – verringern wir die Entfernung, um schließlich auch zum Büchsenschuß überzugehen. Dabei muß sich der Hund ruhig verhalten, er darf nicht laut werden und darf auch nicht versuchen, seinen Platz zu verlassen.

Ein fünf bis sechs Monate alter Schweißhund muß bis dahin so weit gehorsam, riemenführig und verständig sein, daß sich Führer und Hund auf die in diesem Alter systematisch beginnende Riemen- und Fährtenarbeit voll und ganz konzentrieren können. Der junge Schweißhund hat seine Nase „entdeckt" und versteht auch schon, sie anzuwenden. Bei unseren gemeinsamen Reviergängen wurde er weitgehend mit seiner neuen Umwelt vertraut. An uns liegt es nun, ihn für seine eigentliche Aufgabe, die Fährtenarbeit, auszubilden, seine Fähigkeiten für uns nutzbar zu machen und in die richtigen Bahnen zu lenken.

Der entscheidende Schritt einer methodischen Ausbildung zur Riemenarbeit ist die Vorsuche. Bei der Vorsuche soll der Hund mit tiefer Nase vor dem Führer am kurzen Riemen suchend jede gerechte Fährte anfallen und zeigen. Andere Fährten oder Spuren, wie Rehfährten oder Hasenspuren, darf er uns wohl zeigen, er darf ihnen aber nicht nachziehen wollen. Die Vorsuche bietet zwei große Vorteile. Erstens sind wir selbst in der Lage, uns im täglichen Jagdbetrieb über Wildwechsel, über Wildeinstände, kurz über den Wildstand zu informieren. Und zweitens erzielen wir für den Hund einen praxisbezogenen Ausbildungseffekt, der ihm bei vielen Nachsuchen zugute kommen wird. Denn in der Praxis wenden wir die Vorsuche an, um uns einen nicht genau lokalisierten Anschuß durch den Hund zeigen zu lassen. Oder wir versuchen, durch die Vorsuche die Wundfährte wiederzufinden, wenn widrige Umstände oder schwierige Geländeverhältnisse, wie Wasserläufe, stark befahrene Straßen oder Dornenverhaue, uns gezwungen haben, das Nachhängen auf der Wundfährte zu unterbrechen.

So suchen wir eines Morgens mit dem Hund einen Waldweg auf, der sich gut abfährten läßt und über den mit großer Wahrscheinlichkeit Wild zum gewohnten Einstand gewechselt sein wird. Hat es tags zuvor geregnet, so sind die Voraussetzungen für uns, die Hundeführer, noch günstiger. Das Ansprechen der deutlich ausgeprägten Fährten und Spuren bereitet uns keine Schwierigkeiten. Wie auf einem üblichen Reviergang begleitet uns der Hund an der linken Seite. In der Nähe der vermuteten Wildwechsel fordern wir ihn unter dem Zuspruch: „Vorhin, mein Hund!" auf, vorzugehen und vorhinzusuchen. Den Riemen haben wir so weit abgedockt, daß der Hund etwa drei bis vier Meter vor uns suchen kann. Mit der Vorsuche darf man jedoch erst beginnen, wenn die Fährten „kalt" geworden sind, zumindest muß die Körperwitterung des Wildes bereits verflogen sein. Im Gegensatz zu Stöber- und Vorstehhunden, die das Wild auch durch die von diesem ausgehende Körperwitterung mit hoher Nase finden, soll der Schweißhund mit tiefer Nase nur der Fährtenwittrung des Wildes folgen. Dies bedeutet eine Einengung, eine Spezialisierung seiner Nasenarbeit, die vom Führer systematisch betrieben und gefördert werden muß.

Der Zeitpunkt, zu dem die Körperwittrung des Wildes verflogen ist, kann nicht exakt vorausgesagt werden. Er ist in hohem Maße vom Gelände und von den Witterungseinflüssen abhängig. Das kann an freien, offenen, windigen Stellen bereits nach zwei bis drei Stunden der Fall sein. An geschützten, im Bestand liegenden windstillen Orten, dazu noch bei feuchtem Wetter, wird die Körperwittrung vielleicht erst nach drei bis fünf Stunden verflogen sein. Dies zu beurteilen und den richtigen Zeitpunkt zu wählen ist dem Können und dem Fingerspitzengefühl des Schweißhundführers vorbehalten. Als Richtschnur möge gelten: lieber eine ältere Fährte arbeiten als eine zu frische! Allerdings muß die Fährtenwittrung auf den jungen Hund noch einen so starken Reiz ausüben, daß er Interesse für die Fährte zeigt, sie uns verweist und ihr auch folgen will. Zu empfehlen ist, immer mit Nackenwind die Vorsuche vorzunehmen. So wird der Hund durch keine andere Wittrung abgelenkt, er wird auch nicht verleitet, die Nase hochzunehmen. Die Arbeit mit tiefer Nase wird ihm dadurch wesentlich erleichtert.

Zeigt der Hund beim Vorhinsuchen eine Fährte, was er uns durch Stehenbleiben und Bewinden verdeutlicht, so greife man am Riemen soweit vor, daß man über dem Hund steht und sage: ,,Laß sehen!" Der Hund soll dann erneut mit der Nase die Fährte zeigen, was man gegebenenfalls durch leichtes Niederdrücken des Kopfes auf die Fährte unter erneutem Zuspruch ,,Laß sehen!" erreicht. Ist die Fährte gerecht, das heißt stammt sie vom Rotwild, Sau, Dam- oder Muffelwild, wird der Hund unter Streicheln, Klopfen, Loben mit ,,So recht, mein Hund" von der Fährte abgenommen. Dabei kann man ihn mit dem rechten Arm unter die Brust fassen, die Vorderläufe etwas anheben und ihn so seitwärts von der Fährte abnehmen. Besonders zu Anfang der Übungen zur Vorsuche ist das zu empfehlen. Der Hund wird so den Unterschied von dem energischen Abziehen von anderen, nicht gerechten Fährten besser empfinden.

Zeigt der Hund uns eine Rehfährte, was naturgemäß jeder junge Schweißhund am Anfang seiner Ausbildung tut, so ziehen wir ihn energisch mit dem Ruf: ,,Pfui, Reh!" ab und wiederholen in strafendem Ton mehrfach ,,Pfui, Reh!" oder ,,Pfui, Has!" Verweist der Hund Fährten, Spuren oder Dinge, die wir nicht erkennen oder ansprechen können, so ziehen wir ihn ohne Lob und Tadel ab. Bei konsequenter Durchführung dieser Maßnahmen merkt der kluge Hund recht bald, welche Fährten er beachten darf und wofür er gelobt wird.

Merken wir, daß bei der Vorsuche eine gerechte Fährte auf den jungen Hund einen besonders starken Reiz ausübt und er ihr nachziehen will, so geben wir ihm mehr Riemen und lassen ihn unter dem Zuspruch: ,,Der Hund hat recht, danach, mein Hund!" der Fährte nachhängen. Dabei ist es zunächst gleichgültig, ob es sich um Rot- oder Schwarzwildfährte, um eine Einzelfährte oder um eine Rudelfährte handelt. Späterhin lassen wir vom Hund möglichst nur Einzelfährten oder Fährten von höchstens zwei bis drei Stück Wild arbeiten. Eine gesunde Einzelfährte auf Grund der ihr anhaftenden Individualwittrung durch andere gesunde Verleitungsfährten hindurch zu arbeiten, dazu ist unser junger Hund ohnehin noch nicht in der Lage. Es kommt zunächst lediglich darauf an, den Fährten- und Arbeitswillen zu fördern. Keinesfalls dürfen wir ihn daher zu Beginn seiner Ausbildung daran hindern, uns seinen Fährtenwillen zu zeigen. Im Gegenteil, mit dem Zuspruch: ,,Danach, mein Hund!" spornen wir ihn an, die Fährte voranzubringen. Fürs erste genügen dabei 40 bis 50 Meter Fährtenarbeit. Wir sollten uns mit dieser Länge vollauf zufriedengeben. Denn wir müssen wissen, daß Hunde in diesem Alter noch nicht über die Konzentrationsfähigkeit verfügen, eine bestimmte Fährte über eine längere Strecke auszuarbeiten. Zu leicht werden sie durch andere Einflüsse abgelenkt. Soeben noch sehr eifrig Fährtenwillen zeigend, können sie sich im nächsten Augenblick einer anderen Sache zuwenden, die ihnen wichtiger und interessanter erscheint. Soweit dürfen wir es während dieser ersten Arbeiten gar nicht erst kommen lassen! Noch wenn der Hund voller Eifer dem Reiz der Fährtenwitterung folgt, halten wir ihn mit „Halt, laß sehen!" an und greifen am Riemen wieder bis über den Hund vor, der uns erneut die Fährte zeigen muß. Mit viel Lob und Belohnung in Form von Brocken, tragen wir ihn gegen Wind in gleicher Manier wie bei der Vorsuche von seiner ersten Riemenarbeit auf der kalten Gesundfährte ab.

Über die Abführung des Hannoverschen Schweißhundes auf der kalten Gesundfährte ist viel gestritten worden, und die Kritik an dieser Einarbeitungs-methode flammt von Zeit zu Zeit mehr oder weniger heftig immer wieder auf.

Schon Jahrhunderte vor der Existenz des Hannoverschen Jägerhofes wur-den die Ahnen unserer Schweißhunde auf der kalten Gesundfährte abgeführt. In harter Bewährung mußte sich die Abführungsmethode durchsetzen. Erfolge und Leistungen der auf diese Weise abgeführten Hunde sind so überzeugend, daß kein Kritiker um die Anerkennung dieser Tatsache herumkommt. Die „Hirsch-mannschule" hat sich dieses jahrhundertealte Erfahrungsgut zu eigen gemacht, so daß die Einarbeitung auf der kalten Gesundfährte allgemein auch jetzt noch ein wesentlicher Bestandteil der Abführung des Schweißhundes ist.

Die nüchterne Überlegung sagt uns: ein Hund, methodisch und konsequent auf der Gesundfährte abgeführt, der in der Lage ist, seine Ansatzfährte, nur durch die Individualwitterung geleitet, sicher durch andere, von seiner Ansatz-fährte nur wenig differenzierte Gesundfährten hindurch zu halten, dieser Hund vermag um so leichter eine zusätzliche mit Wund- oder Krankwitterung behaftete Fährte durch Verleitungsfährten hindurch zu bringen. Die Einarbeitung auf der Gesundfährte ist wohl eine schwierige, vom Hundeführer viel Können verlan-gende Methode, muß aber auch heute als erfolgreichste und beste Vorarbeit für die Arbeit auf schwierigen Wundfährten angesehen werden.

Auch die anderen jagdlich so reizvollen Aufgaben des Schweißhundes, zum Beispiel die Vorsuche und das Bestätigen, könnten mit einem Hund, der keine Gesundfährten kennenlernt und diese also nicht arbeiten darf, gar nicht ausge-führt werden. Wie eintönig und wie wenig erlebnisreich muß ein Reviergang mit einem Hund sein, der nur auf Schweiß- und Wundfährten eingearbeitet wurde und von dem die Gegner der Arbeit auf der Gesundfährte fordern, daß er jede Gesundfährte *ignoriert* und nur auf Schweiß- oder Wundwitterung reagiert?

Da nur kontrollierbare Fährten *gearbeitet* werden dürfen, ist dies nicht nur ein Nasentraining für den Hund, sondern auch eine ausgezeichnete Schulung für das Auge des Schweißhundführers. Jagdlich stört die Übung auf der Gesund-fährte überhaupt nicht (auch dies wird von Gegnern dieser Methode behauptet), da ja, wie wir noch sehen werden, nur über freie Flächen oder durch lichte Stangen- oder Althölzer gesucht wird. Ein weiterer Vorteil ist, wir könnten, wenn wir entsprechend Zeit haben, beinahe auf jedem Reviergang eine Gesundfährte arbeiten lassen. Dafür bedarf es keiner besonderen und damit zeitraubenden Vorbereitungen, wie sie für künstliche Schweißfährten erforderlich sind. Auch kann das Arbeiten auf der Gesundfährte zu jeder Jahreszeit durchgeführt werden. Wir müssen sogar mit unseren Hunden bei jedem Wetter, bei Sturm, Regen und Sonnenschein, üben, denn auch in der rauhen Nachsuchenpraxis können wir uns nicht das günstigste Suchenwetter aussuchen. Darum ist es notwendig, unsere Hunde auch an ungünstige Witterungsverhältnisse beizeiten zu gewöhnen. Sie müssen später bei jedem Wetter eingesetzt werden können und mit den unterschiedlichsten Bodenverhältnissen fertig werden. Mir ist auch die überlieferte Forderung, unsere Hunde in der Verfärbezeit des Wildes keine Gesundfährten arbeiten zu lassen, nie verständlich gewesen. Ich sehe keinen zwingenden Grund, das nicht auch während dieser Zeit zu tun. In Alt- oder Stangenhölzern hängt kein ausgefallenes Haar umher, das den Hund veranlassen könnte, die Nase hochzunehmen. Haar aber, das auf oder neben der Fährte liegt, wird er interessiert bewinden und so seinem Führer verweisen. Eine ausgezeichnete Möglichkeit für das Verweisen, das sonst während der Arbeit auf der Gesundfährte kaum geübt werden kann! Denn außer ausgefallenem Haar und gelegentlich auf den Fährten liegender Losung wird schwerlich sonst etwas zum Verweisen vorhanden sein. So meine ich, wir können auch ohne Bedenken zur Zeit des Haarwechsels der Gesundfährte nachhängen, wenn diese nicht gerade durch heranwachsende Jungwuchsflächen führt, wo das Haar über Nasenhöhe des Hundes hängenbleiben kann. Derartige Flächen sind aber ohnehin für unsere Zwecke ungeeignet, da an den Zweigen haftende Körperwittrung des Wildes den Hund verleitet, mit hoher Nase zu arbeiten. Außerdem ist es recht angenehm und auch zweckmäßig, die an sich jagdlich ruhige Verfärbezeit mit intensiver Arbeit auf der Gesundfährte zu überbrücken, um den Hund für die bald anschließende Jagdzeit zu rüsten.

So können wir das ganze Jahr über und fast bei jedem Wetter Gesundfährten nachhängen. Doch nicht bei hohen Schneelagen! Denn jetzt besteht die Gefahr, daß der Hund mit den Augen zu suchen beginnt! Eine leichte, manchmal noch etwas unterbrochene Schneedecke bietet dagegen beinahe optimale Voraussetzung und beste Möglichkeit, den Hund bei der Fährtenarbeit zu kontrollieren.

Den Verlauf der auszuarbeitenden Fährte müssen wir kontrollieren können. Das ist wichtig, um ein Überwechseln des Hundes – changieren – von der Ansatzfährte auf eine ihm interessanter erscheinende, vielleicht eine wärmere Fährte rechtzeitig zu erkennen und zu verhindern. Daher arbeiten wir nur Fährten, deren Verlauf wir auf Grund günstiger Boden- und Wetterverhältnisse zumindest teilweise kontrollieren können oder Fährten, die von uns beim Ansitz oder gelegentlich Reviergang oder -fahrt beobachtet wurden. Markante Punkte, an denen das Wild vorbeigezogen ist, Stellen, an denen es einen Haken oder Bogen geschlagen hat, wo es über einen Weg gezogen ist, sind uns Hilfspunkte für eine spätere Kontrolle des Hundes. Es ist zu empfehlen, diese markanten Punkte nicht allein im Gedächtnis behalten zu wollen. Denn wenn wir nach drei bis vier Stunden mit dem Hund wieder zur Stelle sind, dann haben sich die

Sichtverhältnisse wesentlich geändert, und alles sieht plötzlich ganz anders aus! Daher ist es schon besser, an auffallenden Stellen im Gelände Zeichen zu machen oder als Gedächtnisstütze eine kleine Handskizze anzufertigen.

Gute Kontrollmöglichkeiten bieten sich nach Regentagen auf Erdwegen, auf Wegebanketten sowie in dem weichen Boden von Stangen- und Althölzern. Da auch die Fährtenwittrung in dem durchfeuchteten Boden lange und gut hält, sollten wir diese Tage für die weitere Ausbildung unseres jungen Hundes tunlichst ausnutzen. Nachdem wir mit ihm bereits einige sich anbietende Fährten über kurze Strecken gearbeitet haben, ohne dabei bisher viel Rücksicht auf die Art der Fährte genommen zu haben, lediglich mit dem Ziel, den Fährtentrieb wachzuhalten, lassen wir uns von ihm an einem dieser günstigen Tage durch Vorhinsuche eine gerechte Fährte zeigen. Da wir jetzt mit der intensiven Abführung auf der kalten Gesundfährte beginnen wollen, ist es am günstigsten, wir suchen die Fährte eines einzelnen Hirsches. Denn jeder Schweißhund arbeitet einen Hirsch lieber als Kahlwild. Das soll eine uralte, im Erbgut liegende Überlieferung des Leithundahnen sein, so sagt man. Ich meine, es liegt einfach daran, daß der Hirschfährte eine intensivere Wittrung anhaftet. Das Gewicht des Hirsches ist größer als das eines Stückes Kahlwild, dadurch sind die Eingriffe und die Bodenverletzungen beim Ziehen stärker, dem Schweißhund fällt es hierdurch leichter, der auffälligeren Hirschfährte nachzuhängen. Er wird sie daher zügiger und vielleicht auch etwas heftiger arbeiten als eine Kahlwildfährte, der er wahrscheinlich grundsätzlich genauso gern folgt, nur muß er sich etwas mehr Mühe geben, die Kahlwildfährte mit der nicht so intensiven Wittrung voranzubringen. Außerdem geben wir für den Anfang einer einzelnen Hirsch-fährte deshalb den Vorzug, weil wir selbst als Hundeführer diese leichter ansprechen und mit größerer Sicherheit erkennen, als das bei einer einzelnen Kahlwildfährte möglich ist.

Hat der Hund uns eine Einzelfährte gezeigt, die wir von ihm arbeiten lassen wollen, so lassen wir ihm mit dem Zuspruch: „Der Hund hat recht, danach, mein Hund", nachziehen. Sollte der Hund die angefallene Fährte rückwärts arbeiten, was häufiger vorkommt, als immer angenommen und gesagt wird, so erfolgt der Zuruf: „Wende dich zur Fährte!" Dabei zeigt man ihm die richtige Richtung. Arbeitet der Hund nun die Fährte, so geben wir ihm den ganzen Riemen und loben ihn mit dem Zuruf: „Der Hund hat recht!" Allerdings müssen wir hiermit sparsam sein und nur zusprechen, wenn wir festgestellt haben, daß er wirklich recht hat! Bei zu eifrigem Zusprechen wird er sonst leicht zu heftig und überschießt Haken und Bogen. Besonders bei temperamentvollen Hunden lobe man daher nur wenig. Überall dort, wo wir vermuten, die Fährte im Boden erkennen zu können, rufe man „Halt, laß sehen"! Stellt man fest, der Hund arbeitet noch die rechte Fährte, lobe man ihn unter dem Zuspruch: „Der Hund hat recht, danach!", und es wird weitergesucht. Dort, wo man den Hund zuletzt kontrollieren kann, spätestens aber vor einer Dickung, lasse man sich noch einmal die Fährte zeigen. Dann trage man ihn unter Lob und Belohnung gegen den Wind von der Fährte ab.

Das Arbeiten auf der Gesundfährte wird nun nach und nach schwieriger gestaltet. Man läßt die Fährten älter werden, wechselt unter ungünstigen Witterungsverhältnissen, bei Wind, Sonne, Trockenheit, Regen und Sturm. Stets aber müssen wir uns bewußt sein: die Arbeit auf der Gesundfährte führt nie zum Erfolg! Leicht kann dadurch der Hund lustlos werden, darum nicht zuviel des Guten tun und ihn immer am Schluß mit Leckerbissen reichlich belohnen! Wenn mal eine Fährte von dem Hund nicht weitergebracht werden kann, dann darf keinesfalls ein Zwang ausgeübt werden. Die Schuld liegt meist beim Hundeführer, wahrscheinlich hat er seinen Hund bereits überfordert und hat ihm die Freude an der Fährtenarbeit genommen. Das nächste Mal müssen wir eine Fährte anbieten, die einen stärkeren Reiz ausübt, das heißt, sie muß wieder etwas frischer sein, und auch sonst müssen die übrigen Umstände für die Nasenarbeit möglichst günstig sein.

Die Folge auf der kalten Gesundfährte ist nicht nur allein bei der Abführung und Ausbildung des jungen Schweißhundes anzuwenden. Auch späterhin ist es erforderlich, den älteren Hund, der bereits Wundfährten kennengelernt hat, von Fall zu Fall auf kalten Gesundfährten zu führen. Der häufigste Einwand zumeist von jüngeren Jägern, Hunde, die bereits erfolgreiche Nachsuchen gemacht haben, arbeiten keine Gesundfährten mehr oder sind zumindest sehr schwer dazu zu bewegen, stimmt einfach nicht. Alle meine Hunde – und da sind einige, die auf über zweihundert Wundfährten erfolgreich waren – arbeiteten freudig und gern zwischendurch auch Gesundfährten. Selbstverständlich in einer anderen Manier als Wundfährten. Doch es ist auch für den Schweißhundführer in der Nachsuchenpraxis sehr wichtig zu wissen, ob sein Hund auf einer Krank- oder Gesundfährte ist. Das beurteilen kann der Schweißhundführer wiederum nur, wenn er das Verhalten seines Hundes während der Übungen auf der Gesundfährte genau beobachtet hat.

Besonders nach einer Hetze mit einem noch nicht erfahrenen Hund muß diesem wieder eine kalte Gesundfährte angeboten werden. Bei der Hetze hat er die warme Körperwittrung des Wildes kennengelernt, ist dieser mit hoher Nase gefolgt und dadurch auch zum Erfolg gekommen. Hetzfreudigkeit und Beutetrieb sind in starkem Maße angeregt worden. Durch das Arbeiten auf der kalten Gesundfährte wird er wieder gezwungen, ruhig und überlegt mit tiefer Nase, allein durch die Fährtenwittrung geleitet, der Fährte nachzuhängen. Mit Hunden, die weniger Gelegenheit für natürliche Schweißfährten bekommen, muß man naturgemäß häufiger Gesundfährten arbeiten. Auch diese, auf der Gesundfährte ständig in Übung gehaltenen Hunde, haben nachweisbar hervorragende Leistungen auf der Wundfährte gezeigt.

Wenn auch die Abführung auf der kalten Gesundfährte die bewährteste Methode ist, den Schweißhund zu einem fährtenreinen, sicheren Riemenarbeiter zu erziehen, so haben wir durchaus noch andere Möglichkeiten, die Nase unseres Hundes zu trainieren, seinen Fährtenwillen zu fördern und seinen Beutetrieb wachzuhalten. Allein schon um dem Hund während der Ausbildung nicht die Arbeitsfreude zu nehmen, müssen wir ihm möglichst viel Abwechslung

bieten. Der Führer eines Hannoverschen Schweißhundes sollte von den verschiedenen sich bietenden Möglichkeiten Gebrauch machen!

Jedes während der Ausbildungszeit geschossene Stück Wild, gleichgültig ob
es im Feuer zusammenbrach oder nicht weit vom Anschuß verendete, können
wir für unsere Zwecke ausnutzen. Das sind gute Gelegenheiten, die Übungsarbeiten abwechslungsreicher zu gestalten und den jungen Hund zusätzlich mit
der Schweißwittrung bekannt zu machen! Mit der Milz oder einem anderen Teil
des erlegten Wildes legen wir zu dem nur gelüfteten Stück eine Tupffährte. Die
Milz wird an einem zwei bis drei Meter langen Stock befestigt. Wir legen die
Fährte so, daß wir bei Nacken- oder Seitenwind mit dem Stock seitlich der
eigenen Spur tupfen. Keinesfalls darf der Hund vom Stück Wind bekommen.
Eine Länge von 50 bis 80 Meter genügt für die ersten derartigen Fährten, auch
wird es anfangs, um dem Hund die Aufgabe leicht zu machen, mehr eine
Schleppe als eine Tupffährte sein. Nach drei bis vier Stunden lassen wir die
Fährte arbeiten.

Konsequenz ist bei jeder Erziehung entscheidend! So führen wir grundsätz-
lich vor Beginn einer jeden Schweißarbeit, sei es eine künstliche oder natürliche
Schweißfährte, stets die gleichen Handlungen durch. Am Anschuß bzw. am
Beginn der Tupffährte angekommen, wird der Hund etwa zwanzig Meter vom
Anschuß entfernt am noch aufgedockten Riemen so abgelegt, daß er keinen
Wind von der Schweiß- bzw. Wundwittrung bekommen kann, aber doch so, daß
er uns auf dem Anschuß gut beobachten kann. Dann geht der Hundeführer allein
auf den Anschuß, um diesen in Ruhe auf Pürschzeichen zu untersuchen.
Alsdann wird der Riemen ohne Hast abgedockt und mit dem Zuspruch: ,,Such
verwundt!" lassen wir mit Nackenwind in Richtung des Anschusses vorhinsuchen.

Durch dieses gleichbleibende Zeremoniell weiß der Hund bald, daß ihm eine
besondere Arbeit bevorsteht, er wird aufmerksam und stellt sich innerlich auf die
bevorstehende Aufgabe ein. Gründlich lassen wir von ihm den Anschuß untersuchen, auf den wir bei einer künstlichen Schweißfährte etwas Schweiß und
Schnitthaar von dem erlegten Stück hinterlassen haben. Zeigt er uns Schweiß
oder andere Pürschzeichen, wird er gelobt: ,,Laß sehen mein Hund, der Hund
hat recht!" und dann: ,,Verwundt, mein Hund, vorhin!" Auf den letzten Zuruf soll
der Hund die Fährte arbeiten.

Das weitere Verhalten wird je nach Temperament verschieden sein. Einige
werden zaghaft und vorsichtig, andere dagegen voller Passion im Riemen liegen
und der Fährte folgen. Es ist Sache des Führers, sich nun dem Hunde in seinem
Verhalten anzupassen. Dem zaghaften reden wir ermunternd zu: ,,Der Hund hat
recht, verwundt, mein Hund, vorhin!" Der allzu stürmische wird durch den Zuruf:
,,Halt, laß sehen!" gezügelt, wobei wir uns öfter von ihm die Fährte zeigen
lassen. Am Ende dieser Fährte erwartet den Junghund ein Erlebnis besonderer
Art: Er findet sein erstes Stück Wild! Mit tiefer Nase und mit Nackenwind
arbeitend, nimmt er das Stück erst wahr, wenn er unmittelbar davorsteht. Die
erste Reaktion ist meist ein erschrecktes Zurückweichen. Vorsichtig wird das

Wild bewindet, bei einigen Hunden bedarf es sogar ermunternden Zuredens, bevor sie zaghaft herantreten.

Viel, viel Zeit lassen wir ihm, seine erste Beute eingehend zu untersuchen, und spenden dabei reichlich Lob, bevor wir ihn abtragen und etwa 10 bis 15 Schritt entfernt in Sicht des Stückes ablegen. Es wäre hart, den Hund, der gerade dieses aufregende Erlebnis hatte und seine Aufgabe erfüllte, nicht mehr an seinem Erfolg teilnehmen zu lassen und ihn so abzulegen, daß er uns beim Aufbrechen nicht beobachten kann! Nach dem Aufbrechen wird er tüchtig genossen gemacht. Das Auffinden seines ersten Stück Wildes muß dem jungen Hund so angenehm wie möglich gemacht werden!

Über das Für und Wider des Genossenmachens gehen die Ansichten auseinander. Gewiß, ein Hund, der zum Anschneiden neigt, wird durch das Genossenmachen in dieser Neigung bestärkt, aber andererseits darf man nicht vergessen, daß es doch letzten Endes der Nahrungs- und Beutetrieb ist, der den Hund überhaupt veranlaßt, einer Wildfährte zu folgen. In früherer Zeit wurde sogar der Leithund genossen gemacht! Obschon der Leithund zu keinerlei Schweißarbeit verwendet wurde, sollte er von Zeit zu Zeit rohes Wildpret aus den Schalen eines Hirsches empfangen. Da der Schweißhund bei richtiger Führung kaum einmal Gelegenheit zum Anschneiden bekommt – bei einer Totsuche haben wir ihn am Riemen, bei einer Hetze wird das Stück vor ihm geschossen –, hat die Frage des Anschneidens bei der Schweißhundführung nur eine untergeordnete Bedeutung.

Selbstverständlich soll man ihm solch Verhalten verwehren, er darf sich nicht wie ein Raubtier auf das verendete Stück stürzen. Versucht er das Anschneiden, so nehme man am besten einen Lauf des Stückes und versetze ihm hiermit einen kräftigen Hieb. Der Hund meint, das Stück hätte ihn noch geschlagen. Nie strafe man den Hund an einem zur Strecke gebrachten Stück, das könnte er leicht in einen falschen Zusammenhang bringen! Besonders der junge Hund kann dadurch verdorben werden!

Entsprechend den Fortschritten erschweren wir die Tupffährten. Die Stehzeit wird länger, Haken und Bogen, ja sogar Widergänge können eingelegt werden. Bei den erschwerten Fährten muß sich der Führer deren Verlauf genau markieren, um die Arbeit jederzeit kontrollieren zu können. Wir müssen uns auch bemühen, eine Fährte durch unterschiedliche Bestände mit verschieden geartetem Bodenbewuchs zu legen, um den Hund bereits bei diesen Übungen auf den häufigen Wechsel der Bodenverhältnisse und damit auf die sich ändernden Witterungsbedingungen für die Nasenarbeit während einer längeren Nachsuche vorzubereiten. Dieser ständige Wechsel bereitet bei Nachsuchen der Hundenase mehr Schwierigkeiten als allgemein bekannt ist. Wenn zum Beispiel die Wundfährte aus einem Bestand mit frischem, leicht vergrastem Boden in einen Fichtenbestand mit trockener Nadelstreu wechselt, dann wirkt der Hund, der bis dahin die Fährte zügig vorangebracht hat, plötzlich unsicher. Er sucht hin und her, seine Nase braucht eine gewisse Zeit, sich auf die veränderten Verhältnisse umzustellen. Der Hundeführer muß das wissen, er darf aus dem unsicheren

Verhalten des Hundes keine falschen Schlüsse ziehen und muß ihn in Ruhe gewähren lassen, bis sich seine Nase auf die neuen Bedingungen eingestellt hat.

Die künstlichen Schweißfährten müssen möglichst natürliche Bedingungen aufweisen. Grundsätzlich sollte daher am Ende ein erlegtes Stück liegen, von dem wir für das Tupfen der Fährte etwas entnommen haben, sei es die Milz, die Drossel oder ein Stück der Lunge. Der junge Hund wird so bereits nach zwei bis drei Übungssuchen die Zusammenhänge zwischen der Schweißwittrung auf der gelegten Kunstfährte und dem gefundenen Stück begriffen haben. Hat er die ersten Arbeiten zu unserer Zufriedenheit ausgeführt, so schnallen wir ihn das nächste Mal etwa 60 bis 80 Meter vor dem Stück – an einem Punkt, von dem aus Stück und Hund beobachtet werden können, der Hund uns aber vom Wild aus nicht eräugt. Er soll das letzte Ende der Fährte allein zurücklegen.

Diese Übung fördert die Selbständigkeit und ist eine gewisse Vorübung für die Hetze. Sie gibt uns auch Gelegenheit, bestimmte Anlagen des Hundes kennenzulernen, zum Beispiel ob er Veranlagung zum Totverbellen oder Totverweisen hat, oder ob er dazu neigt, das Stück anzuschneiden. Obwohl diese Anlagen für den richtig geführten Schweißhund von untergeordneter Bedeutung sind – aus Gründen, wie sie vorher im Zusammenhang mit dem Genossenmachen und Anschneiden genannt worden sind –, ist es für uns doch sehr nützlich zu wissen, wie sich der Hund voraussichtlich verhalten wird, falls später während einer Nachsuche der seltene Fall eintreten wird, daß der Hund mal ohne seinen Führer allein zum verendeten Stück gelangt. Wird er dann totverbellen? Kommt er zurück, um mich zum verendeten Stück zu führen? Oder schneidet er es an?

Es ist ein Irrtum, wenn behauptet wird, das Einarbeiten des Hannoverschen Schweißhundes auf einer künstlichen Schweißfährte verstoße gegen Überlieferung und Tradition. So ist zum Beispiel bereits in einer Prüfungsordnung des Vereins Hirschmann aus dem Jahr 1899 als Prüfungsfach für die Vorprüfung die Arbeit auf der künstlichen Schweißfährte vorgesehen. Einwände dieser Art dürfen uns nicht davon abhalten, die Abführung unseres Hundes zu einem sicheren Fährtenhund abwechslungsreich und damit möglichst erfolgversprechend zu gestalten.

So sollte auch die Gelegenheit, eine von einem anderen Hund erfolgreich durchgeführte Nachsuche von dem jungen Hund nochmals arbeiten zu lassen, genutzt werden. Dasselbe gilt für das Ausarbeiten der Hetze eines anderen Hundes. Hier wird häufig der Einwand erhoben, in solchen Fällen würde der junge Hund der Spur des ersten Hundes oder dessen Führers folgen. Ich kann versichern, daß dies nicht der Fall ist! Lange Jahre, und noch bis zum augenblicklichen Zeitpunkt habe ich, sobald es die Situation erlaubte, mit zwei Hunden gearbeitet und dabei recht häufig Hetzen mit dem zweiten Hund, meist mit dem jüngeren, nach- und ausgearbeitet. Dabei habe ich einwandfrei festgestellt, daß der zweite Hund nur die Fluchtfährte des kranken Stückes hält. Verläuft die Spur des hetzenden Hundes unter Wind neben der Fluchtfährte des Wildes – was bei Hetzen meist der Fall ist, manchmal verlaufen Hundespur und Wildfährte 20 bis

30 Schritt voneinander entfernt! – so wird sich doch der junge Hund immer an die Fluchtfährte des Wildes halten.

Ein anderer Einwand, der junge Hund folge stets der warmen Wundfährte, ist zweifellos berechtigt. Bleiben wir aber konsequent in unserer Abführungsmethode, so werden einige anschließende Riemenarbeiten auf der kalten Gesundfährte den jungen Hund auch wieder dazu bringen, ruhig und besonnen mit tiefer Nase die ihm angebotenen kalten Fährten zu halten. Der praktische Wert, bei einer Nachsuche mit Hilfe des zweiten Hundes einer Hetze verhältnismäßig schnell folgen und eine abgerissene Verbindung wiederaufnehmen zu können, ist unbestreitbar. Neben diesem praktischen Wert sind aber die Vorteile in bezug auf die Abführung des jungen Hundes so schwerwiegend, daß die gegebenen Nachteile in Kauf genommen werden können. Zumal diese Nachteile, wie bereits erwähnt, durch geeignete Maßnahmen wieder behoben werden können.

Hetzen, die ausgearbeitet werden müssen, sind fast immer sehr lang. Dieses Ausarbeiten stellt daher erhebliche Anforderungen an den Fährten- und Durchhaltewillen des jungen Hundes. Die frische Wundwittrung und der zeitweise wahrzunehmende Laut des hetzenden Hundes spornen Arbeitswillen, Hetz- und Beutetrieb ständig an. Eifrig, ja sogar stürmisch wird er der Fluchtfährte folgen, deren Kontrolle dem Hundeführer nicht besonders schwerfällt, da die Eingriffe des flüchtigen Stückes im Boden meist deutlich zu erkennen sind. Hat sich das Stück gestellt und sind auch sonst die näheren Umstände günstig, so können wir ohne Bedenken den jungen Hund dazuschnallen. Er hat gleichsam seine erste Hetze erlebt, wenn auch erst gezügelt am langen Riemen. Junghunde, die bis dahin nur wenig Fährtenwille und nur geringe Arbeitsfreude gezeigt haben, kennt man meist schon nach einem einzigen derartigen Erlebnis in ihrem Wesen und in ihrem Verhalten kaum wieder. Ihr Selbstbewußtsein ist sichtlich gewachsen, und der Fährten- und Arbeitswille ist wesentlich gestärkt worden. Bedenkt man, daß es kaum eine bessere Vorübung für die spätere selbständige Hetze geben kann, so müssen wir im Interesse der Ausbildung von diesen sich uns gelegentlich anbietenden Möglichkeiten unbedingt Gebrauch machen.

Neben den künstlichen Schweißfährten und den zufällig anfallenden Arbeiten auf einer natürlichen Wundfährte müssen wir dem Junghund immer wieder Gesundfährten anbieten. Die Fährten von zwei bis drei Hirschen, die hintereinander in eine Dickung gezogen sind, oder die Fährten einer Bache mit Frischlingen sind notfalls für eine Übungsarbeit auch schon brauchbar.

Der Hundeführer muß in seinen Maßnahmen beweglich sein, er muß sich etwas einfallen lassen, um die Anlagen seines Hundes möglichst früh zu wecken und sie nicht verkümmern zu lassen, und er darf dem Hund nicht die Freude an den Aufgaben nehmen! Daher Abwechslung bei der Einarbeitung, reichlich Belohnung und freudigen Zuspruch, Geduld bei etwaigen Rückschlägen, überhaupt einfühlsame Behandlung, entsprechend der Wesensart unseres Hundes. So kann bei einer empfindlichen Hündin schon ein kleiner, unbeabsichtigter Ruck am Riemen genügen, und sie meint, nicht mehr weitersuchen zu dürfen. Dagegen kann man sich bei einem anderen robusten Hund beinahe zu zweit an den Riemen hängen, und er ist trotzdem durch nichts von der Fährte abzubringen!

Für die Abführung des in seiner Wesensart so differenzierten Hannoverschen Schweißhundes erscheint mir ein Wort des langjährigen Zuchtwartes des Vereins Hirschmann – Konrad Andreas – von größter Bedeutung zu sein. Konrad Andreas sagt: „Als Abrichter und Führer von Gebrauchshunden müssen wir unablässig bemüht sein, in die seelische Eigenart des Hundes einzudringen. Allein nach dieser hat sich unsere Lehrweise, haben sich unsere Maßnahmen bei der Abrichtung und Schulung zu richten." Danach sollten auch wir Schweißhundführer handeln, dann wird uns in Verbindung mit Arbeit, Geduld und Ausdauer auch der Erfolg bei der Abführung unserer Hunde beschieden sein.

In folgenden Grundregeln seien die Richtlinien für die Abführung zum fährtensicheren Schweißhund nochmals zusammengefaßt:

1. Im frühen Alter die Anlagen des Junghundes wecken und fördern.
2. Alles vermeiden, was den Hund bei der Einarbeit veranlassen könnte, die Nase hochzunehmen, daher nur:
   a. kalte Fährten
   b. mit Nackenwind und
   c. auf freien Flächen, in Alt- oder lichten Stangenhölzern arbeiten.
3. Möglichst Einzelfährten in Anspruch nehmen.
4. Nur so weit einer Fährte nachhängen, wie man den Hund sicher kontrollieren kann.
5. Den Hund nicht überanstrengen und dadurch unlustig machen.
6. Die Arbeitsfreude durch Abwechslung während der Einarbeitungszeit erhalten.
7. Den Hund zur Selbständigkeit erziehen.

Diese Grundregeln sind nicht nur Richtlinien für die Einarbeitung des Hannoverschen Schweißhundes, sie haben für Hunde aller Jagdhundrassen, die auf Schweiß geführt werden, Gültigkeit. Im wesentlichen trifft dies auch für den Bayerischen Gebirgsschweißhund zu, der aus bodenständigen Bracken und dem heutigen Hannoveraner gezüchtet worden ist. Er ist im Durchschnitt 5 cm kleiner als der Hannoversche Schweißhund, ist leichter, beweglicher und somit den schwierigen Verhältnissen des Hochgebirges angepaßter. Ein muskulöser, drahtiger Körper mit einem kräftigen, aber nicht plumpen Knochenbau befähigt ihn, die nicht leichten Aufgaben und die hohen Anforderungen, die die Hochgebirgsjagd an ihn stellen, zu erfüllen. Das rauhe Klima macht beim Bayerischen Gebirgsschweißhund eine derbe dichte Behaarung noch zwingender notwendig als beim Hannoverschen Schweißhund, ebenso hat im Hochgebirge der anhaltend fährtenlaut jagende Hund eine noch größere Bedeutung als in der Ebene oder im Mittelgebirge.

Im allgemeinen werden Zucht, Aufzucht, Erziehung und Abführung beim Bayerischen Gebirgsschweißhund nach den gleichen Gesichtspunkten durchgeführt wie beim Hannoverschen Schweißhund. Ihren Niederschlag finden diese gemeinsamen Gesichtspunkte und Ziele in der Zusammenarbeit im Internationalen Schweißhundverband und in den innerhalb des Verbandes nach gleichen Prüfungsbestimmungen durchgeführten Schweißhundverband-Suchen.

Entsprechend den besonderen Gegebenheiten sind allerdings die Schwerpunkte bei der Abführung und Führung des Bayerischen Gebirgsschweißhundes in den einzelnen Fächern etwas verlagert. Obwohl in der Regel auch mit ihm die Wundfährte – selbst im schwierigsten Gebiet – am langen Riemen ausgearbeitet wird, so kann es bei Nachsuchen auf Gams im gefährlichen felsigen Gelände vorkommen, daß der Bayerische Gebirgsschweißhund auch mal frei der Wundfährte folgen muß. Desgleichen wird die Folge am langen Riemen in großen Latschenfeldern manchmal nicht möglich sein. Diesen Besonderheiten der Führung wird bereits bei der Einarbeitung, sei es auf der künstlichen oder auf der natürlichen Schweißfährte in der Form Rechnung getragen, daß der Hund ohne Riemen, aber mit belassener Halsung frei die Schweißfährte ausarbeitet. Langsam und ruhig muß er dabei vor dem Führer der Fährte folgen. Keinesfalls darf er aus dem Einflußbereich des Führers kommen. Auf Zuruf muß er auf der Fährte stehenbleiben. Kommt er an das kranke Stück und wird dieses aus dem Wundbett flüchtig, so darf er nicht selbständig hetzen. Mit der Hetze darf er erst beginnen, wenn der Führer die Halsung abgenommen und ihn zur Hatz angerüdet hat. Eine Aufgabe, die vom Hund sehr viel Selbstbeherrschung und Gehorsam verlangt und nur durch beste Zusammenarbeit zwischen Führer und Hund zu lösen ist.

Die freie Arbeit des Bayerischen Gebirgsschweißhundes mit belassener Halsung auf der Schweißfährte darf nicht verglichen werden mit der freien Arbeit des Hannoverschen Schweißhundes während der Einarbeitungszeit, wie sie in diesem Abschnitt beschrieben worden ist. Das Schnallen des Hannoveraners auf dem letzten Teil der Übungsschweißfährte vor dem verendeten Stück hat lediglich den Zweck, das Kleben des Hundes am Führer zu verhindern und ihn zur Selbständigkeit zu erziehen. Es ist gleichsam als kleine Vorübung für die Hetze anzusehen.

Ebenfalls wird bei der Ausbildung des Bayerischen Gebirgsschweißhundes weit mehr Wert auf die Förderung der Anlagen zum Totverbellen bzw. Totverweisen gelegt. Naturgemäß kommt der Bayerische Gebirgsschweißhund beim Arbeiten ohne Riemen im unwegsamen Gelände weit häufiger ohne seinen Führer an ein verendetes Stück, als das beim Hannoveraner der Fall ist. Durch anhaltendes Totverbellen soll er seinen Führer zum Stück rufen oder als Totverweiser auf der Fährte zurückkehren, um durch auffallendes Verhalten zu zeigen, daß er das Stück gefunden hat, und um dann zum gefundenen Stück zu führen.

Aus demselben Grund spielt das Problem des Anschneidens eine größere Rolle als beim Hannoverschen Schweißhund, mit dem sein Führer eigentlich immer gleichzeitig an das verendete Stück kommt. Der Führer des Bayerischen Gebirgsschweißhundes hat daher von Beginn der Abführung an bemüht zu sein, jeden Versuch des Anschneidens bei seinem Hund zu unterbinden.

Trotz dieser durch die Hochgebirgsverhältnisse abgeänderten Führungsmethode – das Arbeiten ohne Riemen im unwegsamen Gelände – und trotz der Verlagerung der Schwerpunkte in einigen Abführungsfächern – wie beim Totverbellen, Totverweisen und Anschneiden – ist auch bei der Führung des Bayerischen Gebirgsschweißhundes die konsequent einzuhaltende Riemenarbeit Grundlage für eine erfolgreiche Nachsuchenarbeit. Gerade bei Nachsuchen auf Gams sind erfahrene Gebirgsschweißhundführer bemüht, die Arbeit auf der Wundfährte so lange wie möglich am Riemen durchzuführen, damit sich der Gams eventuell schon während der Riemenarbeit in einer unzugänglichen Wand einstellt, aus der er dann herausgeschossen werden kann. Denn eine Hetze mit anschließendem Stellen birgt immer die Gefahr in sich, daß vor allem der weniger erfahrene Hund von dem kranken Gams beim Stellen gehakelt wird!

Die konsequente Riemenarbeit als Grundkonzept der Arbeit auf der Wundfährte findet ihren Niederschlag in den Erfolgen, die der Bayerische Gebirgsschweißhund in der rauhen Nachsuchenpraxis aufzuweisen hat, sie spiegelt sich auch in den Leistungen und Erfolgen wider, die die Führer dieser Hunde auf den Prüfungen des Internationalen Schweißhundverbandes errungen haben.

Führung auf der Wundfährte und Hetze

Hat unser „Hirschmann" auf der kalten Gesundfährte zufriedenstellende Leistungen gezeigt, hat er bereits natürliche Schweiß- und Wundwittrung – sei es auf künstlichen Tupffährten oder bei gelegentlich angefallenen kurzen, leichten, natürlichen Wundfährten, wie in dem Abschnitt über die Abführung beschrieben – kennengelernt, und haben wir ausreichend Vertrauen zu seinem Können und meinen, er verfügt bereits über genügend Konzentrationsfähigkeit, um die bei einer etwas schwereren Schweißarbeit gestellten Anforderungen erfüllen zu können, dann sollten wir keine Bedenken haben, mit ihm eine Nachsuche zu machen, und das auch dann, wenn wir von einem anderen Jäger in einem anderen Revier um Unterstützung gebeten werden!

Wir müssen uns aber bei diesem Entschluß darüber im klaren sein, daß einerseits der Ausgang der ersten Nachsuchen für die weitere Entwicklung des Hundes von großer Bedeutung sein kann und daß wir andererseits das Vertrauen der uns um Hilfe bittenden Jäger möglichst nicht enttäuschen dürfen. Denn für die größere Anzahl der Jägerei ist Schweißhund gleich Schweißhund, ob ein Hund jung ist und damit noch über wenig Erfahrung verfügt, das findet bei einem Mißerfolg keine Beachtung! Darum sollten gerade jüngere Schweißhundführer viel Verantwortungsgefühl aufbringen und eine ihnen zu schwierig erscheinende Nachsuche zunächst noch ablehnen und anderen überlassen. Sorgen oder Bedenken, daß späterhin für seinen Hund nicht genügend Schweißarbeiten zu bekommen seien, braucht sich der Schweißhundführer nicht zu machen: Selbst in Gegenden, wo der Schweißhund bis dahin relativ unbekannt war, bedarf es nur des Vorhandenseins eines guten Schweißhundes, der seine Leistungen einige Male unter Beweis gestellt hat, und eines Führers, dem die Jägerei Vertrauen schenken kann, und plötzlich gibt es überall Nachsuchenmöglichkeiten, während früher kaum von krankgeschossenem Wild gesprochen wurde!

Tritt nun der Fall ein, daß wir von einem Jäger zu einer Nachsuche gerufen werden, so versuchen wir bereits am Telefon, möglichst viele Einzelheiten über den Anschuß und über die bevorstehende Arbeit zu erfahren. Uns interessiert: die Art und die Stärke des Stückes, die Zeit des Anschusses, der vermutete Sitz der Kugel, das Zeichnen des Wildes, etwa aufgefundene Pürschzeichen und das Verhalten des Stückes nach dem Schuß sowie Geschoß und Kaliber, womit das Stück beschossen wurde. Falls wir nach diesen Angaben zu der Überzeugung kommen, daß eine Hetze zu erwarten ist, werden wir dem Schützen vorschlagen, zum Vor- und Abstellen noch einige weitere Jäger hinzuzuziehen. Unsere Ausrüstung wird sich zum Teil nach diesen Angaben richten, ebenso der Zeitpunkt des Suchenbeginns.

Keinesfalls dürfen wir unter vier Stunden nach dem Schuß die Arbeit auf der Wundfährte beginnen, auch wenn Schuß- und Pürschzeichen noch so günstig erscheinen und auf einen guten Treffer hinweisen. Immer wieder neigen Schweißhundführer dazu, eine Nachsuche möglichst bald nach dem Schuß zu beginnen, um – wie sie meinen – ihren Hunden die Arbeit zu erleichtern. Damit tun sie den Hunden aber keinen Gefallen! Die Körperwitterung des Wildes kann noch über der Wundfährte stehen, zumindest in dichten Beständen und in Dickungen wird dies der Fall sein. Der Hund hat es nicht nötig, konzentriert mit tiefer Nase zu arbeiten. Hat inzwischen ein anderes gesundes Stück Wild die Wundfährte gekreuzt, so wird er durch die frische Körperwitterung dieses Wildes zu leicht abgelenkt und zum Changieren auf die andere Fährte verleitet.

Mitunter reichen sogar bei guten Kammerschüssen vier Stunden nicht aus, um das Wild verenden zu lassen. So wurde ich einmal zur Nachsuche auf einen Hirsch gerufen, nachdem bereits ein alter erfahrener Schweißhundführer mit seinem ebenfalls sehr erfahrenen und erfolgreichen Schweißhund vergeblich nachgesucht hatte. Auf dem Anschuß wurden Schnitthaar vom Rumpf, Knochensplitterchen von der Rippe, Lungenschweiß, ja selbst Lungensubstanz vorgefunden. Günstige Pürschzeichen! Auf der Wundfährte etwa hundert Meter vom Anschuß lag in einem großen Dickungskomplex der letzte Schweiß, Hundeführer, Schütze und alle an der Suche beteiligten Jäger standen vor einem Rätsel. Der Hirsch mußte doch bei den vorgefundenen und vollkommen richtig angesprochenen Pürschzeichen im Umkreis von 200 Meter vom Anschuß längst verendet sein!

Zweiundzwanzig Stunden nach dem Schuß, inzwischen waren auch noch 15 mm Regen auf die Fährte gekommen, begannen wir mit der Kontrollsuche. Der kranke Hirsch hatte den Dickungskomplex verlassen, eine Kulturfläche überquert und saß nach über zwei Kilometer in einem Fichten-Altholz auf einem Käferloch. Nach etwa 1,5 km Hetze stellte sich der Hirsch. Als ich mich zur Abgabe des Fangschusses heranpürschte, leuchtete mir kurz hinter dem Blatt, genau dort, wo ein guter Schuß sitzen soll, ein handtellergroßer, hellroter Schweißfleck entgegen. Die nähere Untersuchung am gestreckten Hirsch ergab: das 7 × 64-Teilmantelgeschoß war genau zwischen zwei Rippen in die Kammer eingedrungen, hatte beide Lungenflügel durchschlagen, auf der Ausschußseite eine Rippe zerschlagen und sich erst dort zerlegt.

Noch weitere Fälle dieser Art könnten von mir aus der Nachsuchenpraxis angeführt werden. Daher lieber einige Stunden länger mit dem Beginn der Nachsuche warten als zu früh beginnen!

Noch viel mehr als bei Kammerschüssen trifft dies für tiefe Waidwundschüsse zu, bei denen meist sehr viel Pansen- oder Gescheideinhalt auf dem Anschuß bzw. in der ersten Fluchtfährte liegt – Pürschzeichen, die den weniger erfahrenen Schützen und Hundeführer eine einfache und kurze Totsuche erwarten lassen. Stücke mit tiefen Waidwundschüssen brauchen sehr lange, um krank zu werden. Häufig ist sogar noch am folgenden Tag eine Hetze notwendig.

Selbst bei Laufschüssen halte ich den frühen Nachsuchenbeginn für falsch – entgegen der weitverbreiteten und in manchen jagdlichen Lehrbüchern vertretenen Ansicht, wo zum Teil sogar gefordert wird, den Hund sofort nach dem Schuß zu schnallen. Als Grund für den sofortigen Beginn wird angegeben, das laufkranke Stück benötige eine gewisse Zeit, um sich auf den Gebrauch von drei Läufen einzustellen. Meiner Erfahrung nach kommt das kranke Stück bereits nach wenigen Fluchten genauso gut mit drei Läufen zurecht wie nach sechs bis acht Stunden. Sofort oder sehr früh nach dem Schuß angehetzte Stücke sind weder durch Schweißverlust noch durch Wundfieber wesentlich geschwächt. Die Hetzen sind weit schwerer und weniger erfolgversprechend, als wenn man auch das laufkranke Stück erst in Ruhe läßt.

Am Anschuß lassen wir uns vom Schützen möglichst von der Stelle aus, von der er das Stück beschossen hat, nochmals die Situation vor und nach der Schußabgabe genau schildern. Alles für die Suche Wissenswerte muß dabei vom Schützen erfragt werden. Denn ist man erst am langen Riemen allein in der Dickung, dann kann der Schütze nicht mehr gefragt werden, zum Beispiel von welcher Seite das Stück beschossen worden ist, falls man abgestreiften Schweiß neben der Wundfährte gefunden hat und gern wissen möchte, ob dieser Schweiß von der Ausschußseite des Wildes oder vom Einschuß herrührt. Wesentlich ist auch, ob das Stück in einem Rudel beschossen worden ist und ob es sich nach dem Schuß abgesondert hat.

Hat der Schütze den Anschuß nicht finden können, so lassen wir uns von seinem Stand aus einweisen. Liegt der Anschuß im Stangen- oder Baumholz, so ist bereits auf dem Wege zum Anschuß an den Bäumen auf einen eventuellen Geschoßeinschlag zu achten. Dazu ein Hinweis: beim Zurückblicken ist der Ausschuß an Bäumen weit leichter zu erkennen als der nur kalibergroße Einschuß!

Etwa zwanzig Schritt vom Anschuß wird der Hund über Wind abgelegt, so daß er seinen Führer beim Untersuchen beobachten kann. Am Anschuß sucht der Hundeführer vorsichtig nach Pürschzeichen, also nach Schnitthaar,

Ein- und Ausschuß
an der Fichte

Schweiß, Knochensplitter, Wildpretfetzen usw. Hat er Schnitthaar gefunden, so spricht er danach den Sitz der Kugel an. Zur Kontrolle vergleicht er die Haare mit seiner Schnitthaarsammlung. Schweiß wird mit der Lupe darauf untersucht, ob sich andere Bestandteile in ihm befinden, wie Gescheideinhalt oder ausgelaufenes Knochenmark. Durch Zerreiben von Wildpretfetzen zwischen den Fingern stellen wir fest, ob feinste Knochenteilchen in ihnen enthalten sind. Ebenfalls nur durch Zerreiben ist manchmal festzustellen, ob es sich um Feist bzw. Weißes oder um hart gewordenes Knochenmark handelt. Bei Feist und Weißem bleiben Gewebefasern zurück, Knochenmark dagegen hat keine Rückstände und fühlt sich sehr feinfettig an. Ebenso können wir erkennen, ob wir geronnenen hellroten Wildpretschweiß oder feste Lungensubstanz gefunden haben. Ja, selbst Nase und Zunge helfen uns zu bestimmen, ob es sich beim aufgefundenen Schweiß um Leber-, Waidwund- oder Wildpretschweiß handelt.

Mitunter wird auf dem Anschuß wohl der Geschoßeinschlag oder -riß gefunden, aber keine weiteren Pürschzeichen oder nur solche ohne besondere Aussagekraft. Dann muß sorgfältig überprüft werden, ob ein Fehlschuß vorliegt oder in welcher Höhe das Geschoß das beschossene Wild durchschlagen haben könnte. Voraussetzung für diese Überprüfung ist allerdings, daß der Standort des beschossenen Wildes vor dem Schuß entweder durch Beobachtung des Schützen oder durch das Auffinden der Pürschzeichen „Fährteneingriffe" oder „Ausrisse" eindeutig festliegt.

Zur Durchführung der Überprüfung wird am Standort des Wildes zum Zeitpunkt der Schußabgabe ein Stock in den Boden gesteckt. Vom Schützen wird, im gleichen Anschlag und von derselben Stelle, von der er geschossen hat, der durch ein weißes Tuch gekennzeichnete Kugeleinschlag mit entladener Waffe anvisiert, die Visierlinie an dem auf den Anschuß gesteckten Stock eingefluchtet und dort markiert. Jetzt ist leicht festzustellen, ob das Wild über- oder unterschossen wurde, ob ein hoher oder tiefer Streifschuß vorliegt, oder ob der Wildkörper doch noch durchschlagen sein könnte. Im letzteren Fall muß das Stück einen Ausschuß haben, und es müßten Pürschzeichen zu finden sein. Diese wiederum können auf der fixierten Linie, Standort des Wildes – Kugeleinschlag weit leichter gefunden werden, als wenn ohne festen Anhalt die Umgebung des vermuteten Anschusses abgesucht wird.

Die Überprüfung der Flugbahn kann auch umgekehrt vom Geschoßeinschlag über den Stock am Anschuß zum Schützen erfolgen. Das Ergebnis ist allerdings ungenauer als das des zuerst geschilderten Verfahrens.

Eine unabdingbare Voraussetzung für die Auswertung des Überprüfungsergebnisses sind die Kenntnisse der Widerristhöhe und der Bodenfreiheit, das heißt der Abstand von den Schalen bis zur Brust- oder Bauchlinie des Wildes.

Nachstehend die Widerristhöhe und Bodenfreiheit der Schalenwildarten (in Zentimetern):

Rotwild. Hirsch mittelalt bis alt, Widerristhöhe 120 bis 130, Bodenfreiheit 65 bis 70; Alttier, Widerristhöhe 105 bis 115, Bodenfreiheit 60 bis 65; Kalb (in der Jagdzeit), Widerristhöhe 95 bis 100, Bodenfreiheit 50 bis 55.

Schwarzwild. Keiler stark, Widerristhöhe bis 110, Bodenfreiheit 35 bis 40; Bache, Widerristhöhe etwa 80, Bodenfreiheit etwa 30; Überläufer, Widerristhöhe 60 bis 70, Bodenfreiheit 25 bis 30.

Damwild. Hirsch, Widerristhöhe 90 bis 100, Bodenfreiheit 50 bis 55; Alttier, Widerristhöhe 75 bis 80, Bodenfreiheit 40 bis 45. Beim Damwild ist zu beachten, daß die Hinterhand überhöht ist.

Muffelwild. Widder, Widerristhöhe 70 bis 75, Bodenfreiheit etwa 35; beim Schaf nur geringfügig weniger.

Gamswild. Bock, Widerristhöhe 70 bis 80, Bodenfreiheit 35 bis 40; bei der Geiß geringfügig weniger.

Rehwild. Widerristhöhe 65 bis 75, Bodenfreiheit 35 bis 45; bei Bock und Ricke keine wesentlichen Unterschiede.

Auf dem Anschuß

Die angegeben Zahlen sind mittlere Werte und dürfen nur als Anhalt gelten. Größere Abweichungen können durchaus vorkommen.

Ein Anschuß kann nicht gründlich genug untersucht werden. Nach Möglichkeit sollte die Suche erst begonnen werden, wenn Klarheit über den Sitz der Kugel besteht. Sonst kehrt man, wenn es auf der Wundfährte nicht mehr vorangehen will, reuevoll zum Anschuß zurück, um ihn noch einmal, und nunmehr gründlicher, zu untersuchen. Nach den vorgefundenen Pürschzeichen, dem Zeichnen des Stückes und dem weiteren Verhalten nach dem Schuß wird der Treffer angesprochen, und danach werden die nächsten Maßnahmen für die Durchführung der Suche getroffen. Besteht die Möglichkeit, daß das Stück noch nicht verendet ist, so bitten wir die teilnehmenden Jäger, die nächste Dickung abzustellen.

Grundsätzlich vor *jeder* Suche versäume der Schweißhundführer nie, darauf aufmerksam zu machen, daß bei einer eventuellen Hetze einzig und allein der Hundeführer an den Standlaut herangeht und den Fangschuß abgibt! Man erkläre das sehr deutlich und energisch, denn wenn der Zufall es will, daß der Hund ausgerechnet in nächster Nähe eines vorstehenden Schützen stellt, geht mit diesem Mann leicht die Passion durch, und er versucht, das Stück anzugehen. Das ist sehr gefährlich, da man sich dabei leicht in der Dickung gegenseitig totschießen kann. So hat vor Jahren ein Jäger beim Angehen an den vom Schweißhund gestellten Hirsch irrtümlich seinen eigenen Jagdherrn in der Dickung erschossen. Mir ist es passiert, als ich einem vom Hund auf einer kleinen Blöße in einer Dickung gestellten Stück Kahlwild den Fangschuß antragen wollte, daß plötzlich hinter dem Stück aus der Dickung das Gesicht eines anderen Jägers auftauchte. Ein andermal arbeitete ich mich auf dem Boden kriechend an eine sich stellende Sau heran und erkannte im letzten Augenblick vor der Abgabe des Fangschusses hinter der Sau die Beine eines ebenfalls den Standlaut angehenden Jägers. Einige Mal wurde ich gezwungen, vor den Kugeln von Jägern in Deckung zu gehen, die auf das sich stellende Wild in die Dickung hineinschossen, ohne zu bedenken, daß der Schweißhundführer in der Nähe sein könnte.

Auch ist die Abgabe des Fangschusses immer mit Gefahr für den Hund verbunden, da das gestellte Stück selten frei steht, das Geschoß sich also leicht verschlagen oder zerlegen und damit den Hund verletzen kann. Wenn der brave „Hirschmann" aber schon durch solche Tücke des Schicksals Schaden nehmen soll, dann ist es besser (weil seltener!), es geschieht durch den eigenen Herrn als durch einen Fremden. Die Kugel des eigenen Herrn wird ihn weniger gefährden, da dieser meist erfahrener und daher vorsichtiger ist und da er für die Abgabe des Fangschusses ein Geschoß führt – wie bereits beim Abschnitt über die Ausrüstung erwähnt –, das weniger empfindlich ist als die allgemein üblichen Jagdgeschosse, also ein Vollmantelgeschoß. Auch auf anderes gesundes Wild ist während einer Nachsuche von den teilnehmenden Jägern tunlichst nicht zu schießen. Das verwirrt Führer und Hund und gibt häufig zu Mißverständnissen Anlaß.

Überprüfen
der Flugbahn-
höhe des Ge-
schosses vom
Standort des
Schützen aus
über den Anschuß
zum Geschoßein-
schlag

Überprüfen der Flugbahnhöhe des Geschosses vom Geschoßeinschlag zum Schützen

Mitunter sind Jäger dem Schweißhundführer für Hinweise, wie und wo am zweckmäßigsten vor- bzw. abgestellt wird, dankbar. Grundsätzlich sollte nicht zu engräumig abgestellt werden. Dabei kommt der weiten und guten Beobachtung für den vorgestellten Schützen größere Bedeutung zu als der Möglichkeit, auf das kranke Stück zu Schuß zu kommen. Erhöhte Standorte – wie Hochsitze –, von denen auch gut Hetzlaut, Hornsignale usw. zu hören sind, bieten sich besonders an. Zu beachten ist die Windrichtung. Krankes Wild zieht gern gegen Wind. Angehetzes Wild flüchtet in seiner Bedrängnis bei allen Schüssen, auch bei Vorderlaufschüssen, hangabwärts. Rotwild, bei dem der verletzte Lauf schlenkert, verläßt bei der Hetze sehr schnell den dichten Einstand und flüchtet gern über freie Flächen oder durch Althölzer. Kranke Sauen nehmen häufig den Wechsel zu dem nächstgelegenen Einstand an. Aber auch nie sollte man beim Schwarzwild vergessen, den Einwechsel zu besetzen!

Während der Untersuchung des Anschusses hat „Hirschmann" ruhig dagesessen und seinen Führer interessiert beobachtet. Ein Hund, der einige Suchen hinter sich hat, weiß genau, was los ist, wenn sein Führer auf dem Boden kniet und etwas untersucht. Er ist sehr bald innerlich völlig „versammelt", wenn es dann losgeht. Ruhig und ohne Eile geht man zum Hund zurück; denn jede Nervosität des Führers überträgt sich sofort auf den Hund. Der Riemen wird abgedockt, und der mit der zusätzlichen „Warnhalsung" ausgestattete Hund wird mit Nackenwind in Richtung Anschuß geführt, damit er diesen und die Pürschzeichen verweist. Das Gleiche tun wir auch, wenn wir bei der vorangegangenen Untersuchung keine Pürschzeichen finden konnten. Etwa 10 m vor dem Anschuß geben wir dem Hund unter dem Zuspruch: „Verwundt, mein Hund!" den ganzen Riemen.

Hierbei werden bereits häufig Fehler begangen. So geht der Führer aufgeregt an den Anschuß und gibt dabei dem Hund nur ganz wenig Riemen. Es entsteht der Eindruck, als ob der Führer dem Hund den Anschuß zeigen und die Richtung weisen will, in die das Stück flüchtete! Nicht allein auf dem Anschuß, sondern während der gesamten Schweißarbeit verlangt eine zweckmäßige, der jeweiligen Situation entsprechende Handhabung des langen Schweißriemens vom Schweißhundführer Fingerspitzengefühl und Erfahrung. Der Gebrauch des Riemens hat einen entscheidenden Einfluß auf den Verlauf der Nachsuche! Der Schweißriemen ist das Bindeglied zwischen Führer und Hund; er zeigt dem Führer an, ob sein Hund noch fest und sicher auf der Fährte oder ob er unsicher geworden ist und sein Arbeitseifer nachläßt. Übereifrige, temperamentvolle Hunde können mit seiner Hilfe gezügelt und zur ruhigen, besonnenen Arbeit veranlaßt werden. Die Länge des Riemens gibt dem Hund die notwendige Bewegungsfreiheit, um sich auf dem Anschuß und auf der Fährte zurechtzusuchen sowie um Bogen, Haken und Widergänge ausarbeiten zu können. Dem Führer wird durch den langen Riemen die Folge durch Dickungen und dichtes Unterholz wesentlich erleichtert, ja ohne den langen Riemen wäre es gar nicht möglich, dem Hund durch Dornverhaue oder dichteste Naturverjüngungen zu folgen.

Das Arbeiten am langen Riemen oder „dem Hund den langen Riemen geben" bedeutet keinesfalls, daß der Führer ständig am Ende des Schweißriemens hängt. Er muß stets darauf bedacht sein, etwa 2 bis 3 m des Riemens als Reserve hinter sich zu haben, um eine flüssige und zügige Arbeit des Hundes zu gewährleisten. So braucht man den Hund nicht bei jeder Gelegenheit anzuhalten, um etwas auf der Wundfährte Gefundenes näher zu betrachten, es aufzunehmen oder um einen Bruch zu legen bzw. durch irgendein anderes Zeichen die Fährte zu markieren. Bei solchen Gelegenheiten läßt man den Riemen langsam durch die Hand gleiten. Der Hund wird in seiner Arbeit nicht gestört und braucht sie somit nicht zu unterbrechen. Beim Nachhängen durch Dickungen muß man häufig um Hindernisse am Riemen vorgreifen, dann genügen selbst drei Meter als Reserve kaum! Auch kann der Hund aus irgendeinem Grund unvermutet in den Riemen springen. Ist man dann am äußersten Ende des Riemens und ist dieser noch naß und glatt, dann kann es schon vorkommen, daß er einem aus der Hand gleitet. Der Hund, sich plötzlich frei fühlend, meint geschnallt zu sein und geht mit dem langen Riemen ab.

Das ist wohl mit das Unangenehmste, was einem Schweißhundführer passieren kann. Denn zu groß sind die Gefahren, denen der Schweißhund bei einer Hetze mit Riemen ausgesetzt ist. Vier Tage hat es einmal in solch einem Fall gedauert, bis ich einen meiner Hunde wohlbehalten wieder hatte! Wem dieses Mißgeschick einmal passiert ist, der wird in Zukunft ängstlich bemüht sein, den Riemen möglichst nicht am Ende zu halten. Nach meiner Ansicht ist es auch nicht empfehlenswert, einen Knoten am Ende des Riemens zur Markierung und zum Verhindern des Durchgleitens durch die Hand zu machen. Ein solcher Knoten bleibt doch nur ständig an Astgabeln, Wurzeln oder anderen Hindernissen hängen. Die unangenehme und unerwünschte Folge davon: der Hund muß seine Arbeit zu häufig unterbrechen! Besser ist es, wie schon gesagt, man hat immer ein Stück des Riemens als Reserve hinter sich.

Zurück zum Anschuß. Von uns unbeeinflußt wird der richtig eingearbeitete Hund ihn am langen Riemen sehr genau untersuchen, er wird die Schnitthaare und eventuell andere vorhandene Pürschzeichen zeigen. Hierauf wird er gelobt: „Laß sehen, mein Hund, der Hund hat recht!" Auf erneuten Zuspruch „Verwundt, mein Hund, vorhin!" soll er nun die Fährte arbeiten. Das wird nicht immer so auf Anhieb gehen, besonders wenn das Stück in einem Rudel oder in einer Rotte beschossen worden ist. Der Hund wird Bogen und Kreise schlagen, so daß es meist eine gewisse Zeit dauern kann, bis er sich orientiert und aus dem Fährtengewirr die richtige, die Wundfährte, herausgefunden hat. Der Hund muß möglichst allein die Fluchtfährte des kranken Stückes aus der Rudelfährte herausfinden. Ohne besondere Schwierigkeiten wird ihm dies gelingen, wenn das beschossene Stück vom Anschuß an oder kurz darauf schweißt. Dagegen wird das für ihn sichtlich mühevoller, wenn ein „empfindliches" kleinkalibriges Geschoß keinen Ausschuß ergeben hat und der Einschußkanal durch Feist, Weißes, Gescheide oder durch Decke bzw. Schwarte sofort nach dem Schuß verschlossen wurde. Nicht selten erlebt der Schweißhundführer gerade diese

Am langen Riemen

Fälle! Sind es doch zumeist solche Situationen, bei denen er mit seinem Hund zu Hilfe gerufen wird, also Anschüsse mit wenig Pürschzeichen und ohne Schweiß auf der Fluchtfährte.

Während bei einem schweißenden Stück die Hundenase vom Beginn der Suche an durch die Schweißwittrung geleitet wird, steht ihn in diesen Fällen im wesentlichen nur die individuelle Fährtenwittrung des beschossenen Stückes zur Verfügung. Angst- oder Schreckwittrung – eine Folge der plötzlichen Störung durch den Schuß – werden alle Fährten des beschossenen Rudels aufweisen, wahrscheinlich die Fährte des getroffenen Stückes in einem etwas stärkeren Maße. Zu welcher Zeit die Wundwittrung einsetzt, wissen wir nicht. Mit größter Wahrscheinlichkeit jedoch nicht schlagartig beim Erhalt des Geschosses, sondern nur allmählich, in der Folge laufend intensiver werdend, da der Organismus des getroffenen Stückes eine gewisse Zeit benötigt, um sich umzustellen – ,,das Stück wird krank.'' Selbst wenn diese Umstellung bei schwereren Schüssen nur wenige Sekunden dauern sollte, so hat sich das hochflüchtige Wild in diesen Sekunden bereits eine beträchtliche Strecke vom Anschuß entfernt. Sicherlich steht diese Zeitspanne auch in einer gewissen Relation zum Grad der Verletzung. Es muß daher angenommen werden, daß die Fährtenwittrung eines getroffenen, aber nicht gleich schweißenden Stückes zu Beginn nur in Nuancen – wahrscheinlich durch die etwas stärkere ,,Angstwittrung'' und durch erste Anzeichen von Wundwittrung – aber im wesentlichen nur durch die jedem Stück anhaftende Individualwittrung von Fährten anderer gesunden Wildes zu unterscheiden ist.

Diese Annahme bestätigt die von Schweißhundführern gemachte Erfahrung, daß die Hunde Wundfährten – insbesondere Fährten nichtschweißender Stücke

– anfangs mit weniger Intensität arbeiten, bis später im weiteren Verlauf die Wundwitterung dominierend wird. Der Schweißhundführer sagt: „Der Hund muß sich auf der Fährte erst festsaugen." Ein gerecht auf der Gesundfährte eingearbeiteter Schweißhund, der gelernt hat, die wenig voneinander differenzierten Fährten gesunden Wildes zu unterscheiden, wird mit diesen Schwierigkeiten naturgemäß weit leichter fertig als ein Hund, der allein auf künstlichen und natürlichen Schweißfährten eingearbeitet wurde und dessen Nase gewohnt ist, nur von der Schweißwitterung geleitet zu werden.

Dieser Anfangsschwierigkeiten auf einer Wundfährte ohne Schweiß muß sich jeder Schweißhundführer bewußt sein. Er darf daher nicht ungeduldig oder gar nervös werden, wenn es vom Anschuß nicht so recht vorangehen will. Aufmerksam und kritisch muß er das Verhalten seines Hundes beobachten. Jeder kleine Hinweis, daß wir uns auf der Wundfährte befinden, kann in der ersten Phase derartiger Suchen von entscheidender Bedeutung sein. Wird der Hund im Verlauf des Nachhängens heftiger und interessierter, haben wir also den Eindruck, er sucht sich immer wieder auf eine bestimmte Fährte zurecht, so müssen wir annehmen, er folgt der Wundfährte. Haben wir dagegen bereits 200 bis 300 m ohne jede Bestätigung gearbeitet und kommen uns Zweifel an der Richtigkeit, besonders wenn es sich um einen weniger erfahrenen Hund handelt, dann ist es besser, wir brechen die Arbeit ab, verbrechen die Stelle, bis zu der wir gekommen sind, und greifen zum Anschuß zurück, um zur Kontrolle nochmals zu beginnen.

Das Wort: „Der Hund hat immer recht", sollte von einem Schweißhundführer nicht gebraucht werden. Jeder Hund, auch der bestveranlagte und erfahrenste, ist nur ein Lebewesen, das sich irren oder verleiten lassen kann. Die Schwierigkeiten und Verleitungen auf einer natürlichen Wundfährte können so vielfältig, unterschiedlich und vom Führer schwer oder gar nicht erkennbar sein, daß der Schweißhundführer während der Nachsuche ständig mit größter Aufmerksamkeit und mit einer gewissen Skepsis seinen Hund beobachten muß. Dann wird es ihm auch bei bereits geringfügigen Verhaltensänderungen seines Hundes gelingen, auf eine Schwierigkeit oder einen Fehler aufmerksam zu werden, so daß er dann rechtzeitig korrigierend eingreifen kann. Es bedeutet für ihn auch keinen „Prestigeverlust", wenn er zur Kontrolle einmal weit auf der Fährte zurückgreift! Seinem Ansehen schadet es dagegen weit mehr, wenn er endlos auf einer Fährte nachhängt, dann erklärt, das Stück wäre nicht zur Strecke zu bringen, später aber das Wild nur wenige hundert Meter vom Anschuß verludert gefunden wird!

Derartige Nachsuchen – selbst bei Schnee, der ja beste Kontrollmöglichkeiten bietet, habe ich es einige Male erlebt, daß nicht ein einziger Schweißspritzer auf der Wundfährte zu finden war und dennoch lagen die Stücke manchmal bereits nach 300 bis 400 m verendet in der Fährte – stellen die Nerven des Schweißhundführers auf eine harte Probe. Leicht kann er dabei durch unruhig und ungeduldig werdende Nachsuchenteilnehmer beeinflußt werden, die meinen, bei den wenigen Schnitthaaren, die auf dem Anschuß gefunden wurden, könne es sich nur um eine geringfügige Verletzung handeln und eine weitere Nachsuche wäre sinnlos. Dann tut der Schweißhundführer gut, sich von diesen Jägern abzusetzen und sie aus irgendeinem Grund – zum Vorstellen oder zum Beobachten – fortzuschicken, um unbeeinflußt und konzentriert mit seinem Hund die schwierige Wundfährte weiterzubringen. Andernfalls wird die Suche abgebrochen – wie es oft genug vorgekommen ist –, der Hirsch aber wird am nächsten Tag vielleicht nur 100 m weiter von Spaziergängern gefunden.

Es ist daher äußerst wichtig, daß der Schweißhundführer sich bereits auf dem Anschuß ein möglichst klares Bild über den Sitz der Kugel verschafft und auch auf der Wundfährte alles gründlich untersucht, was einen Anhalt über die Art der Verletzung und eine Bestätigung geben könnte. Dabei sind uns wertvolle Hilfsmittel: die Lupe und das weiße Tuch. Winzige Schweißspritzer sind manchmal nur mit Hilfe der Lupe zu erkennen, ebenfalls sind andere Bestandteile im Schweiß, wie Gescheideinhalt, häufig nur mit der Lupe festzustellen. Mit dem weißen Tuch werden verdächtige Stellen auf dem Boden, in Betten und Kesseln, an Zweigen und Ästen auf Schweiß hin abgetupft. Wiederholt gab mir bei langen Nachsuchen nur das weiße Tuch die Bestätigung, manchmal sogar erst in Verbindung mit der Lupe, daß wir noch die rechte Fährte arbeiteten. Eine ganze Reihe von erfolgreichen Nachsuchen habe ich allein diesen beiden Hilfsmitteln zu verdanken!

Bei jeder Nachsuche, auch bei solchen, bei denen anfangs auf der Wundfährte laufend Schweiß zu finden ist und bei denen es den Anschein hat, wir werden bald und ohne Schwierigkeiten am verendeten Stück sein, müssen wir mit unvorhergesehenen Schwierigkeiten rechnen. So kann plötzlich der Schweiß aufhören, und wir werden gezwungen, zur Kontrolle auf den letzten Schweiß zurückzugreifen. Schnell und ohne viel Zeitverlust finden wir die Wundfährte wieder, wenn von uns vorher Schweiß und andere Pürschzeichen deutlich verbrochen bzw. markiert worden sind. In welcher Form wir die Stellen bzw. den Fährtenverlauf für ein schnelles Wiederfinden markieren, richtet sich nach den örtlichen Gegebenheiten; die Kennzeichnung muß nur zweckmäßig sein.

Brüche werden dort verwendet, wo sie uns zur Verfügung stehen, wo wir ohne Aufenthalt die Fährte verbrechen können, auch nur dort, wo sie auffallen und leicht wiederzufinden sind. In Alt- oder Stangengehölzern werden wir Brüche zwar wiederfinden, aber meist haben wir sie hier nicht handgerecht zur Verfügung. Einen Bündel Brüche als Vorrat mitzuschleppen, kann keinem Schweißhundführer zugemutet werden! In diesen lichten Beständen ist ein Zeichen an den Bäumen im Vorübergehen vom Schweißhundführer mit dem Waidmesser schnell und leicht angebracht. Diese Zeichen sind hier auf weitere Entfernung viel besser zu erkennen als ein auf dem Boden liegender Bruch. Ebenfalls ist in Dickungen das Legen von Brüchen nicht zweckmäßig. Auch hier fallen Schalme an den Bäumen oder andere sichtbar angebrachte Zeichen weit besser ins Auge. Grundsätzlich müssen Stellen, wo die Suche Wege, Gräben, Straßen oder Schneisen kreuzt, deutlich kenntlich gemacht werden. Große, gut sichtbare Brüche mit der gewachsenen Spitze in Richtung der Suche gelegt, sollen nicht nur dem Hundeführer bei einem notwendig werdenden Zurückgreifen eine Orientierungshilfe sein, sie sollen auch den anderen Suchenteilnehmern sagen, wo und in welche Richtung sich die Suche bewegt. Hierdurch wurde schon manch eine zwischen Jägern und Hundeführer abgerissene Verbindung wiederhergestellt. Der Schweißhundführer muß bereits vor Beginn der Nachsuche auf diese Möglichkeit der Orientierung hinweisen.

Bei einer Arbeit auf der Wundfährte kann dem Schweißhundführer ein interessierter und passionierter Begleiter mitunter gute Dienste leisten. So übernimmt der Begleiter das Verbrechen der Fährte, Pürschzeichen werden von ihm genauer in Augenschein genommen, verdächtige Stellen auf Schweiß hin untersucht. Auch beim Überwinden von Hindernissen kann er sich nützlich machen. Alles in allem, das Nachhängen auf der Wundfährte geht zügiger und flüssiger voran, da dank dieser Hilfen der Hundeführer sich ganz auf seinen Hund konzentrieren kann, der wiederum bei seiner Fährtenarbeit längst nicht mehr so häufig unterbrochen wird und daher störungsfreier arbeiten kann. Unter extrem schwierigen Verhältnissen – wie bei Nachsuchen auf Sauen durch dichten Verhau und Dornengestrüpp – wird ein Nachhängen am langen Riemen manchmal überhaupt erst durch die Unterstützung eines Helfers möglich.

Dagegen kann das unmittelbare Nachführen eines zweiten Hundes durch einen Helfer zu erheblichen Störungen bei der Nachsuchenarbeit führen. Die Nähe des zweiten Hundes veranlaßt den die Wundfährte ausarbeitenden Hund, schneller und damit ungenauer der Fährte zu folgen, er wird heftiger, ist weniger konzentriert und überschießt häufiger Haken und Bogen. Neid und Mißgunst können so groß werden, daß beim Zurückgreifen oder beim Ausarbeiten von Haken, Bogen oder Widergängen, wenn beide Hunde sich also zwangsläufig räumlich näher kommen, sie übereinander herfallen und eine heftige Beißerei erfolgt. Das kommt sogar bei Hunden vor, die sonst täglich in schönster Eintracht in einem Zwinger zusammenleben. Der Erfolg der Nachsuche kann dadurch in Frage gestellt werden. Besser ist es daher, man läßt den zweiten Hund nicht auf der Wundfährte nachführen, sondern hält ihn außerhalb der Dickung in Reserve bereit. Auch dort steht er für das Ausarbeiten einer Hetze schnell zur Verfügung.

Steht es nicht fest, wohin eine Suche geht und welche Deckung das kranke Stück angenommen hat, dann kann es mal vorkommen, daß auch andere an der Suche teilnehmende Jäger dem Hundeführer folgen. Dabei habe ich es zweimal erlebt, daß sich bei einem mir und dem Hund folgenden Jäger ein Schuß aus der Waffe löste! Daher mein dringender Rat an jeden Hundeführer: Achte peinlich genau darauf, daß man Dir nur mit entladener Waffe folgt! Doch damit nicht genug. Auch die Schußwaffe des Hundesführers muß während der Nachsuche ungeladen bleiben. Die Unfallgefahr ist sonst zu groß! In der Regel wird das Gewehr ja nur zur Abgabe des Fangschusses benötigt. Um es dafür durchzuladen, ist beim Angehen des gestellten Stückes überreichlich Zeit. Sicherlich können Situationen vorkommen, in denen man die Büchse gern schnell schußbereit hätte, zum Beispiel dann, wenn man noch während der Riemenarbeit von einer angeschweißten Sau angenommen wird. Aber da die Büchse während der Riemenarbeit über den Rücken getragen wird, ist sie in dieser Lage ohnehin nicht gleich griffbereit. Die Seltenheit solcher Fälle rechtfertigt keinesfalls, eine Nachsuche mit geladener Waffe vorzunehmen. Meist werden von den Schweißhundführern robuste Repetierbüchsen mit einwandfrei funktionierenden Sicherungen geführt. Empfehlenswert ist es, während der Suche die Büchse – ohne eine Patrone im Lauf! – mit gespannten und gesichertem Schloß zu führen. Dann können beim Durchkriechen von Dickungen hinter den Kammerstengel hakende Äste das Schloß nicht öffnen. Beschädigungen, ja sogar der Verlust des Schlosses werden dadurch verhindert.

Bei längeren Nachsuchen wird es vorkommen, daß das kranke Stück Haken und Widergänge macht, die der unerfahrene Hund zunächst überschießt. Bei Punkt b hat das kranke Stück gewendet und ist auf der eigenen Fährte zurückgezogen, um bei Punkt c die Hinfährte zu verlassen. Der Hund arbeitet sehr häufig zunächst am Punkt c geradeaus weiter und gelangt plötzlich bei Punkt b an das Ende der Fährte. Er wird nun beginnen, Bogen zu schlagen, deren Radius der erfahrene Hund immer weiter wählt. Dabei kommt er zwischen b und c wieder auf die Fährte, folgt wieder bis b und dasselbe wiederholt sich so lange, bis der Hund entweder den Bogen so weit wählt, bis er bei kürzeren Widergängen zwischen d und c den richtigen Abgang findet und dem nun folgt, oder er arbeitet, nachdem er bereits einige Bogen geschlagen hat, und das ist meist bei erfahrenen Hunden der Fall, kurzerhand die Fährte wieder rückwärts. Hat der Hund erst einmal die Taktik des Wildes begriffen, dann hält er sich nicht lange mit dem Kreiseschlagen auf, sondern arbeitet die Hinfährte sehr sorgfältig zurück und findet dann auch meist den richtigen Abgang.

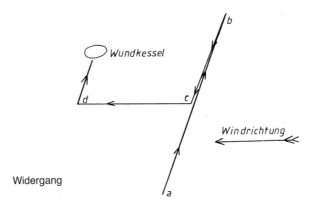

Das Bogenschlagen muß dem Schweißhund angewölft sein. Der Führer kann ihm dabei, besonders wenn das Stück nicht mehr schweißt, kaum helfen. Man kann nur mit viel Geduld, ohne den Hund zu stören, am langen Riemen folgen. Bis zu einer halben Stunde und noch länger wird es bei weniger erfahrenen Hunden dauern, bis der richtige Abgang eines Widerganges gefunden ist. Die angeführte Skizze gibt nur den Normalfall wieder. Ein krankes Stück macht häufig einen Widergang nach dem anderen, tritt längere Zeit auf einer Fläche bis zu etwa 1 ha Größe hin und her und schafft so ein Gewirr von Fährten. Wo der Hund auch hinkommt, immer stößt er auf die Fährte, nach jeder Richtung hin liegt Schweiß, es ist ein Fährtengewirr, aus dem man überhaupt nicht mehr klug wird. Aber ein Abgang aus diesem Labyrinth muß vorhanden sein! Und nur der Hund kann ihn finden! Der Führer muß stetig und unverdrossen am langen Riemen folgen. Schweißt das Stück allerdings noch, dann kann ein geschulter Schweißhundführer seinem Hund auch beim Entwirren schwierigster Haken und Widergänge wesentliche Hilfe geben. So sagt ihm allein schon die Form der Schweißtropfen, in welche Richtung das Stück gezogen ist und ob es auf einer Fährte hin und zurück gezogen ist. An der Art, wie der Schweiß an Blättern, Gräsern oder Zweigen abgestreift ist, wird er ebenfalls feststellen, in welche Richtung die Fährte steht. Wundfährten weisen meist auf der Ausschußseite stärker Schweiß auf. Liegt nun plötzlich auf der anderen Seite mehr Schweiß oder auf beiden Seiten der Fährte gleich viel, so ist das auch ein Zeichen, daß das Stück sich gewendet hat. Voraussetzung ist natürlich, der Hundeführer hat bereits vor Beginn der Suche den Schützen nach allen Einzelheiten befragt, so z. B. auch von welcher Seite das Stück beschossen wurde.

Wir sehen, der Schweißhundführer kann selbst in den schwierigsten Situationen seinem Hund helfen. Sollte der Hund es gar nicht schaffen, vielleicht weil er noch zu unerfahren ist, dann tragen wir ihn ab und lassen ihn in einem weiten Bogen um die Stelle vorhinsuchen. Fällt er jetzt eine Fährte an, so muß man sich natürlich genau davon überzeugen, ob es auch wirklich die Wundfährte ist. Das Abtragen und Vorhinsuchen darf allerdings nur als ultima ratio angewandt werden. Besser ist es, der Hund findet allein aus dem Fährtengewirr heraus.

Eine weitere Schwierigkeit bei den Suchen entsteht, wenn ein Rudel Wild nachträglich auf der Wundfährte entlanggezogen ist. Das gesunde Wild verschleppt den Schweiß und verwirrt damit den Hund sehr leicht. Auch hier bleiben letzten Endes nur das Vorhinsuchen und das Vorgreifen übrig, aber immer nur dann, wenn der Hund es auf der Wundfährte nicht schafft. Besser ist es auch in diesem Fall, er überwindet die Schwierigkeiten ohne Abtragen – wenn es auch noch so lange dauern sollte! Das ständige Bogenschlagen des Hundes kann den Führer zur Verzweiflung bringen, besonders an Steilhängen und in bürstendichten, vollkommen nassen Dickungen. Aber solange der Hund arbeiten will, muß der Führer hinterher. Auf keinen Fall lasse man sich in derartigen Lagen dazu verleiten, den Hund zu schnallen! Er wird im Zweifelsfall sofort an gesundes Wild geraten und hetzend damit abgehen. Das bedeutet dann auch das vorzeitige Ende der Nachsuche.

Weitere Hindernisse können stark befahrene Straßen, Wasserläufe und während der Fütterungszeit Futterplätze sein. Bei diesen Hindernissen sind ein Vorgreifen und ein Vorhinsuchenlassen nach dem Hindernis immer angebracht. Zu beachten ist, daß vor Wegen und Straßen das Wild, bevor es diese überfällt, gern erst parallel zu diesen zieht. In Wasserläufen zieht es mitunter Hunderte von Metern entlang, um instinktiv Verfolgern die Suche zu erschweren. Dabei zieht es in Wasserläufen mit starkem Gefälle meist talwärts, auch kann es durchaus auch wieder auf der Einstiegseite ausgestiegen sein. Daher muß notfalls auf beiden Ufern vorhingesucht werden, um den Ausstieg zu finden.

Zu den Widergängen ist noch zu sagen, daß sie vom kranken Wild gern gemacht werden, wenn es die Absicht hat, bald ins Wundbett bzw. in den Wundkessel zu gehen. Der Abgang wird dann fast immer mit dem Wind angelegt, so daß das Stück im Wundbett rechtzeitig von einem Verfolger Wind bekommen kann. Bei Sauen ist das eigentlich immer der Fall. Kranke Sauen werfen sehr häufig, bevor sie sich einschieben, mit dem Wurf auf der Wundfährte den Boden auf. Findet der Schweißhundführer diese frisch aufgeworfenen Stellen in der Fährte und bald darauf einen Widergang oder auch nur einen scharfen Haken mit der Windrichtung, so kann er fest damit rechnen, daß er sich kurz vor dem Wundkessel befindet. Dann tut er gut, am Riemen bis kurz hinter dem Hund vorzugreifen, um bei einem eventuellen Annehmen der noch nicht verendeten Sau dem Hund schnell die Halsung abnehmen zu können.

Lange Suchen sind infolge der ständigen Konzentration, die die Nasenarbeit erfordert, für den Hund sehr anstrengend. Seine Leistungs- und Konzentrationsfähigkeit werden daher nach einigen Stunden schwieriger Riemenarbeit merklich nachlassen. Hinzu kommt, daß die Leistungsfähigkeit eines Hundes im Tagesablauf stark schwankt. So ist sie in den Morgenstunden am höchsten, mittags fällt sie sehr stark ab, bei einigen Hunden kann sie dann sogar beinahe den Nullpunkt erreichen, um nachmittags wieder anzusteigen. Das muß auch vom Schweißhundführer berücksichtigt werden. Er wird daher von Zeit zu Zeit und besonders in der Mittagszeit eine Pause einlegen, um seinem treuen Gehilfen eine Erholung zu gönnen. Bei heißem Wetter muß dabei der Hund unbedingt mit Wasser versorgt werden. Manchmal ist es ganz erstaunlich, wie gut und wie schnell nach einer derartigen Pause die Arbeit wieder vorangeht.

Hat „Hirschmann" uns nun durch alle Widergänge, Haken, Bogen und über alle Schwierigkeiten hinweg zum verendeten Stück gebracht, so lassen wir ihm ausgiebig Zeit, sich an seiner Beute zu erfreuen, wobei er von uns ständig belobt wird. Nachdem er seine Beute ausreichend beschnuffelt hat, dabei kann er auch ruhig Schweiß vom Aus- oder Einschuß lecken, wird er – aus den bereits im Abschnitt über die Abführung erwähnten Gründen – in Sichtweite seiner Beute abgelegt. Alsdann wird das Stück vom Schweißhundführer verblasen, dem Schützen wird der Bruch überreicht und das Stück wird aufgebrochen. Danach wird „Hirschmann" anständig genossengemacht! Denn letzten Endes hat er sich ja nur der Beute wegen stundenlang auf der Wundfährte abgemüht!

Aber bei weitem nicht alle Nachsuchen enden, wie bei der vorstehenden angenommenen, als Totsuche. Recht häufig ist das kranke Stück noch nicht verendet und flüchtet vor dem Hunde fort. Um es zur Strecke zu bringen, muß es vom Schweißhund zu Stande gehetzt werden. Ich erinnere daran: beinahe 50 % des von Hannoverschen Schweißhunden nachgesuchten Wildes kommen erst durch eine Hetze zur Strecke! Wenn auch die konsequent durchgeführte Riemenarbeit Grundlage jeder erfolgreichen Schweißarbeit ist, so stellt doch die Hetze besondere Anforderungen, vor allem an Fährte- und Durchhaltewillen. Nur physisch voll leistungsfähige Hunde werden den Anforderungen langer, anstrengender Hetzen gerecht.

Die Frage, wann und in welchem Alter können wir dem jungen Schweißhund die erste Hetze zumuten, wird immer wieder gestellt. Zu individuell ist die Wesensart unserer Hunde, zu verschieden die Gelegenheiten der einzelnen Hundeführer zur Abführung auf der natürlichen Wundfährte und damit auch die Möglichkeit für den Hund, bereits im frühen Lebensalter die natürliche Wund-fährte kennenzulernen und auf ihr einige Erfahrungen sammeln zu können. Aber auch zu differenziert sind immer noch die Abführungsmethoden der Schweiß-hundführer und nicht zuletzt auch die Qualitäten als Erzieher. Hunde mit einem ausgeprägten Fährtenwillen, auf der Fährte temperamentvoll mit großem Arbeitseifer vorandrängend, die auch bereits einige gute Leistungen auf der natürlichen Wundfährte gezeigt haben, selbstbewußt, richtig abgeführt und zur Selbständigkeit erzogen, diese Hunde können wir durchaus schon in einem Alter von einem bis anderthalb Jahren die erste Hetze machen lassen. Dagegen werden Hunde mit weniger stark ausgeprägtem Fährtenwillen und geringerer Passion in diesem Alter dazu noch nicht in der Lage sein.

Geschnallt

Dasselbe trifft auch für die Hunde zu, bei denen Abführungsfehler begangen wurden. Ängstlich wurden sie bisher von ihren Führern stets am Riemen gehalten. Ist es da ein Wunder, daß sie, wenn sie nun plötzlich geschnallt werden und hetzen sollen, an ihrem Führer kleben und sich nicht von ihm entfernen wollen? Die Hetzpassion steckt von Natur aus meist auch in diesen Hunden. Haben sie erst eine Anzahl von Arbeiten auf der Wundfährte gemacht und ist ihr Selbstbewußtsein hierdurch gestärkt worden, so entdecken sie plötzlich auch die Freude am Hetzen. Ich kenne eine ganze Anzahl Hunde, die erst mit vier bis fünf Jahren, ja eine Hündin sogar erst mit sechs Jahren, anfingen, scharf und ausdauernd zu hetzen. Zweifellos ist das auf Erziehungsfehler zurückzuführen. Unser Ziel muß es sein, einen voll einsatzfähigen Schweißhund, dem jede Hetze zugemutet werden kann, mit spätestens zwei bis zweieinhalb Jahren zur Verfügung zu haben.

Die erste Hetze soll man den jungen Hund möglichst an einem älteren Stück Wild, am besten an einem älteren Hirsch oder an einem Alttier machen lassen. Jüngere Stücke, auch junge Hirsche, lassen sich mitunter sehr lange hetzen, bevor sie sich stellen. Ausdauer und Durchhaltewillen des jungen Hundes sind den Anforderungen dieser Hetzen noch nicht gewachsen. Folglich gibt er zu schnell auf, was für seine weitere Entwicklung nachteilige Folgen haben kann. Besonders schlecht stellen sich Kälber, es kann sogar vorkommen, daß sie sich gar nicht stellen. Ein scharfer Hund, auch der junge, wird dann versuchen, das Kalb niederzuziehen, was ihm auch schließlich gelingt. Probiert der noch unerfahrene Hund das nächste Mal bei einem Hirsch dasselbe, so kann er leicht geforkelt werden, was wiederum den Verlust des Hundes bedeuten kann. Hat er dagegen zunächst ein Alttier oder einen Hirsch gestellt, so werden ihm irgendwelche Gelüste zum Zufassen schnell vergehen, denn das Alttier weiß die Vorderläufe zum Nachteil des Hundes sehr gut zu gebrauchen, der Hirsch dagegen hält mit seinem Geweih den Hund in Schach. Es ist bereits darauf hingewiesen worden, daß Schweißhunde gestelltes Wild nicht anfassen dürfen, die Gefahr, geschlagen oder geforkelt zu werden, ist zu groß. Zu scharfe und unüberlegt angreifende Hunde sind dann mitunter nur noch bedingt einsatzfähig.

Nur schwaches Wild, das sich nicht stellen will, muß der Hund durch Zufassen zum Stellen zwingen. Er darf es dann auch niederziehen. Kluge Hunde mit viel Jagdverstand wissen auch sehr genau zu unterscheiden, wann sie etwas rangehen und auch fassen können, oder wann es ratsamer ist, vorsichtig zu sein und Abstand zu halten. Eine allzu große Schärfe ist bei einem Schweißhund überhaupt nicht angebracht. Es gibt Hunde, die nach einer Hetze sich über das vor ihnen totgeschossene Stück stellen und selbst den eigenen Herrn nicht heranlassen, so daß dieser mit viel List und Tücke, den Schweißriemen als Lasso gebrauchend, die Bestie wieder in die Hand zu bekommen versucht. Gewiß soll ein guter Schweißhund das verendete Stück vor fremden Menschen verteidigen und auch sonst in Haus und Hof wachsam sein, er muß aber Unterschiede machen können. Denn recht häufig geschieht es im praktischen Nachsuchenbetrieb, daß er mit anderen Jägern zusammenkommt, manchmal sogar auf deren Unterstützung angewiesen ist. Keinesfalls darf man es dazu kommen lassen, daß der Schweißhund zur reißenden Bestie wird, die schließlich nicht mehr den eigenen Führer respektiert.

Wichtig ist es, für die ersten Hetzen, die unser „Hirschmann" machen soll, das angeschweißte Wild ausreichend krank werden zu lassen – wie bereits erwähnt, gilt das auch für Laufschüsse –, dann werden die Hetzen längst nicht so lang und so schwierig. Möglichst vermeide man es auch, die erste Hetze auf Schwarzwild durchzuführen. Selbst Frischlinge und Überläufer sind angriffslustig, überrumpeln in der Dickung den noch unerfahrenen Hund, der durch dieses Erlebnis in der dichten, dunklen Dickung, auch ohne Schaden genommen zu haben, einen derartigen Schock bekommen kann, daß sein Führer lange zu tun hat, ihn wieder mit der Schwarzwildwittrung vertraut zu machen.

Hat unser Hund eine Anzahl Totsuchen gut erledigt und erscheinen uns die sonstigen Umstände günstig, so wage man die erste Hetze mit ihm. Sobald das kranke Stück vor dem Hund aus dem Wundbett hoch wird, lasse man ihn bis an das Wundbett heranarbeiten, nehme ihm dann die Halsung ab und rüde ihn mit dem laut jauchzenden, aufreizenden Ruf: ,,Such! Verwundt mein Hund!" an. Der Hund wird nun dem fortpolternden Stück flüchtig folgen. Ist er fährtenlaut, gibt er sogleich Laut, sonst erst in Sicht des Stückes. Vollkommen stumm darf ein Schweißhund unter keinen Umständen sein, da dadurch das Folgen der Hetze zu sehr erschwert, ja in vielen Fällen unmöglich gemacht wird. Er muß also wenigstens sichtlaut hetzen.

Den Riemen zusammengerafft, steht der Führer einen Augenblick still und horcht, da ertönt der Hetzlaut über ihm am Hang und verschwindet hinter der nächsten Höhe. Nun schnell hinterher, damit der Anschluß nicht verlorengeht. Auf der Höhe angekommen, hallt aus dem Talkessel der wundervolle tiefe Laut des ,,Hirschmann" – er gibt Standlaut! Nun haben wir Zeit und können uns ruhig verschnaufen.

Nachdem man nach dem Laut festgestellt hat, wo sich das Stück gestellt hat, pürscht man sich ruhig und ohne Hast gegen Wind an den Standlaut heran, um den Fangschuß abzugeben. Ein herrlicher Anblick, wenn der edle Schweißhund einen Hirsch gestellt und der Hochgeweihte mit stolz wirkenden Bewegungen den Hund abzuwehren sucht, auch wohl plötzlich einen Ausfall auf ihn macht, während der tiefe Hals des Hundes an den Berglehnen sein Echo findet! Der Fangschuß beendet das Schauspiel, und der brave ,,Hirschmann" wird nun tüchtig abgeliebelt. – So etwa wäre der Verlauf einer Hetze, wie wir ihn uns und unserem jungen Hund für das erste Mal wünschen – eine Bilderbuchhetze! Aber das wird in der Praxis in den seltensten Fällen so glatt und ohne unvorhergesehene Schwierigkeiten ablaufen.

So kommt es recht häufig vor, daß der junge Schweißhund nach dem Schnallen am letzten Wundbett aufgeregt Boden und Haken schlagend mit hoher Nase hin und her jagt. Offensichtlich ist er nicht in der Lage, die Fluchtfährte des soeben fortgepolterten Stückes zu finden und ihr zu folgen. Erschreckend vielleicht für einen noch unerfahren Schweißhundführer, aber das ist gar nicht so verwunderlich, wie es im ersten Augenblick erscheint! Denn bis an das letzte Wundbett wurde Hirschmanns Nase nur durch die kalte Fährten- und Wundwittrung geleitet. Jetzt plötzlich schwebt vor ihm über dem Boden die warme, intensive Körper- und Wundwittrung, auf die sich seine Nase erst umstellen muß und die auf seinen Hetz- und Beutetrieb verständlich einen äußerst starken Reiz ausübt. Selbst ältere Hunde haben manchmal Mühe, sich zu orientieren, auch sie jagen hin und her, mitunter kehren sie kurz noch einmal zum Wundbett zurück, um dann die Fluchtfährte aufzunehmen.

Wenn bereits bei älteren Hunden diese Beobachtung gemacht werden kann, dann darf es den Hundeführer gar nicht wundern, wenn sein unerfahrener Hund, durch die plötzlich warme Wittrung verwirrt, Mühe hat, mit der intensiven Reizwirkung auf seinen Hetztrieb fertig zu werden. Der Hundeführer kann in dieser Situation nur ruhig warten, bis es seinem ,,Hirschmann" gelingt, die Fuchtfährte zu finden und dieser zu folgen. Wenn er allerdings dabei zu große Mühe hat und wenn die Gefahr besteht, daß er bei dem wilden, scheinbar planlosen Hin- und Herjagen auf anderes gesundes Wild stößt, dann nehme man ihn wieder an den Riemen und hänge der frischen Fluchtfährte nach, bis man den Eindruck gewinnt, daß er sich an die ihm bisher fremden Bedingungen – das Ausarbeiten einer frischen Wundfährte – gewöhnt hat und fest und sicher auf der Fährte liegt. Alsdann wird er wiederum geschnallt.

Wenn wir alle Gesichtspunkte für die Auswahl der ersten Hetze beachtet haben, das heißt, das Stück hat einen schweren Schuß und wir haben ihm auch genügend Zeit gegeben, krank zu werden, dann muß das kranke Stück jetzt auch durch den jungen Hund zur Strecke zu bringen sein. Allerdings müssen wir, nachdem wir den Hund geschnallt haben, bemüht sein, auf der Fluchtfährte zu bleiben, um den eventuell doch noch zurückkehrenden Hund sogleich wieder an den Riemen nehmen zu können und um dann am langen Riemen mit ihm die nun frische Fluchtfährte soweit auszuarbeiten, bis wir, abermals an das kranke Stück gekommen, den Hund schnallen und zur Hetze anrüden. Das kann sich bei einer ersten Hetze durchaus einigemal wiederholen, bis der Hund dann doch endlich begriffen hat, daß er am Stück bleiben muß, das sich durch das mehrmalige Anhetzen stark ermattet auch bald dem Hund stellt. Aber auch das gestellte Stück kann von einem jungen Hund wieder verlassen werden. Die Hunde tun dies häufg gar nicht wegen mangelnden Durchhaltewillens oder wegen fehlender Schärfe, sondern meist um instinktiv den Kopfhund der Meute – den Hundeführer – zu der von ihnen zu Stande gehetzten Beute herbeizuholen. Wir dürfen daher keinesfalls enttäuscht sein, wenn unser junger ,,Hirschmann" erst nach mehrmaligem Anhetzen das Stück gestellt und einige Male verlassen hat.

Falsch wäre es, nach den ersten fehlgeschlagenen Versuchen zu resignieren und einen anderen Hund die Arbeit beenden zu lassen, der in derartigen Fällen das nun bereits sehr ermüdete Stück häufig schon in sehr kurzer Zeit zur Strecke bringt. Wir müssen alles daran setzen, unsern jungen Hund die erste Hetze bis zum erfolgreichen Ende durchstehen zu lassen. Dabei kommt es gar nicht so sehr auf die Zeitdauer des Stellens an, ausschlaggebend für die Weiterentwicklung des jungen Hundes ist das Erfolgserlebnis!

Der richtige Zeitpunkt des Schnallens kann für den Ausgang der Suche von entscheidender Bedeutung sein. Manchmal ist es gar nicht so einfach, diesen richtigen Augenblick zu finden. Denn nicht immer hören wir das kranke Stück vor uns aus dem Wundbett fortpoltern oder sehen es sogar. Selbst wenn wir ein Stück fortflüchten hören, müssen wir uns genau vergewissern, ob es auch wirklich das kranke war. Das weiße Tuch, mit dem wir das Bett bzw. den Kessel abtupfen, gibt uns am schnellsten Gewißheit, ob wir tatsächlich am Wundbett stehen. Überzeugen wir uns vor dem Schnallen nicht, ob wirklich das kranke Stück vor uns flüchtig wurde, dann werden wir leicht eine große Dummheit begehen, denn wir können irrtümlich an einem gesunden Stück geschnallt haben, das zufällig auf der Wundfährte gesessen hat. Bei einem älteren Hund dauert es nicht lange, bis er merkt, daß das vor ihm aufgestandene Stück nicht das kranke war, und er kommt bald zurück, bei einem jüngeren werden wir sicherlich länger auf seine Rückkehr warten müssen. Zur Beruhigung des Hundes legen wir nach seiner Rückkehr eine Pause ein. Währenddessen verflüchtigt sich auch die frische Körperwitterung des vor uns fortgepolterten Wildes etwas, so daß dadurch dem von neuem auf der Wundfährte angesetzten Hund keine allzu großen Schwierigkeiten mehr entstehen können.

Wie schon ausgeführt, soll der Hund an dem letzten Wundbett, aus dem das kranke Stück hoch wurde, geschnallt werden. Es kommt jedoch nicht selten vor, daß wir nicht bemerken, daß vor uns ein Stück hoch wurde, und wir somit in dichten Einständen an dem verlassenen Wundbett unbemerkt vorbeigearbeitet haben. Auch tun sich Stücke mit Vorderlauf- oder Brustkernschüssen ungern nieder. Es ist dann überhaupt kein Wundbett vorhanden. Kommt man mit dem Hund in die Nähe des Stückes, so zieht es vor einem fort, ohne daß man es zu Gesicht bekommt. Dabei schlägt es Bogen und Haken, um den Verfolger zu verwirren. Das kann ihm auch durchaus gelingen. Wenn erst überall in der Dickung die frische Körperwitterung steht, dann findet selbst die beste Hunde-nase nicht mehr aus diesem Fährtengewirr heraus. Falls das Stück noch schweißt, kann man an dem frischen noch nicht angetrockneten Schweiß feststellen, daß das kranke Stück vor einem herzieht. Wird der Hund nun noch heftiger und legt er sich mit aller Macht in den Riemen, so habe man keine Bedenken, den Hund zu schnallen. Häufig auch geben uns erfahrene Hunde durch ihr Verhalten sehr unmißverständliche Hinweise für den richtigen Zeit-punkt zum Schnallen. Sehr heftig springen sie in den Riemen, einige Hunde geben am Riemen Laut, andere wollen am Riemen nicht mehr weiterarbeiten, setzen sich vor ihren Führer oder springen an ihm hoch, sie wollen offensichtlich geschnallt werden. Sucht der Führer immer noch nach frischem Schweiß oder nach einer anderen Bestätigung, daß wirklich das kranke Stück vor ihm herzieht, dann können temperamentvolle Hunde wütend in Äste und Zweige beißen. Ein Rüde faßte mir bei solchen Gelegenheiten sogar in die Hosen und gab mir so seinen Unmut über mein Zögern zu verstehen.

Trotz allem muß der Hundeführer stets kritisch prüfen, ob er wirklich am kranken Stück schnallt und ob es der richtige Zeitpunkt zum Schnallen ist. Denn schnallt er zu früh, dann kann der Hund, bevor er an das kranke Stück kommt, auf gesundes Wild stoßen. Mit allergrößter Wahrscheinlichkeit geht er nun mit dem gesunden Wild ab! Schnallt man dagegen zu spät, kann das vor Hund und

Führer schon eine Zeitlang fortziehende Stück mit seinen Haken und Bogen den geschnallten Hund so verwirren, daß er nur mit Mühe aus dem Fährtengewirr herausfindet, oder aber das unbemerkt vor uns fortgezogene Stück hat nun schon einen weiten Vorsprung, und der zur Hetze angesetzte Hund kann beim freien Ausarbeiten der Fährte wiederum auf gesundes Wild stoßen.

Bei leichten Schüssen sowie bei Treffern, bei denen das Wild sich ohnehin nur schlecht dem Hund stellt – wie bei Gebrechschüssen –, wird der gute Hund diese Stücke während einer Hetze mitunter sehr weit verfolgen, da bei der vorhandenen Wundwitterung nach seiner Erfahrung diese Stücke zur Strecke zu bringen sind. Das kann besonders in fremden Revieren für den Führer sehr unangenehm werden. Unter Umständen dauert es Stunden, bis der Hund die Hetze aufgibt und auf der Hinfährte zurückkommt. Hunde mit viel Passion bleiben bis zur völligen physischen Erschöpfung am Wild. Abgehetzt und müde fehlen ihnen dann Kraft und Konzentration, die Hetzfährte rückwärts auszuarbeiten. Häufig werden in solchen Fällen von ihnen bequeme Wege benutzt, um den Ausgangspunkt der Suche wiederzufinden. Der Hundeführer muß nun alles tun, um seinem Hund das Zurückfinden zu erleichtern. Jetzt zahlen sich die Mühen aus, die der Hundeführer während der Ausbildung für das Arbeiten auf der Führerspur und das Ablegen an Gegenständen des Führers aufgewendet hat!

Steht dem Hundeführer ein zweiter Hund zur Ausarbeitung der Hetze zur Verfügung, so wird er schnell der Hetze folgen können. Vielleicht reißt nun auch erst gar nicht die Verbindung zur Hetze ab, zumindest ist die Chance, dem auf der Hinfährte zurückgehenden Hund zu begegnen, viel größer. Nun besteht die Möglichkeit, am Riemen die Fluchtfährte wieder aufzunehmen, sie auszuarbeiten, damit erneut an das Stück zu kommen und jetzt an Stelle des erschöpften Hundes den zweiten, den ausgeruhten Hund zu schnallen. Beim Ausarbeiten der Hetze mit einem zweiten Hund ist es mir sogar schon passiert, daß ich den sich auf der Hetze völlig verausgabten und ermatteten Hund in der Fluchtfährte liegend aufgefunden habe.

In der Regel wird dem Schweißhundführer aber kein zweiter Hund zur Verfügung stehen. Ist es dem Führer nicht mehr möglich, die Hetzfährte ohne Hund zu halten und ihr zu folgen, so vermeide er es, viel umherzulaufen sowie Kreise und Bogen zu schlagen. Dem müde zurückkommenden Hund erschweren wir dadurch das Ausarbeiten der Führerspur nur unnötig. Dort, wo die Hetze markante Punkte gekreuzt hat, in erster Linie werden es Wege sein, lege man Gegenstände oder Sachen von sich ab, ebenfalls am Ausgangspunkt der Suche oder am Abstellplatz des Kraftfahrzeuges, wenn mit diesem nun die Suche nach dem Hund aufgenommen werden soll. Der Hund, der gewohnt ist, an den Sachen seines Führers abgelegt zu werden, und diese nicht verläßt, bis er von seinem Führer abgeholt wird, wird dann auch nach solchen langen Fehlhetzen leichter wiederzufinden sein.

Wie in fast allen Arbeitsbereichen die Weiterentwicklung in jüngster Zeit im hohen Maße vom technischen Fortschritt beeinflußt wurde, so auch im Nachsuchenbetrieb die Arbeit mit dem Schweißhund.

So war es zunächst das Auto, durch das der Hundeführer mobiler wurde und seinen Einsatzbereich erheblich erweitern konnte. Infolge der hierdurch vermehrt anfallenden Nachsuchen konnten insbesondere junge Führer und ihre Hunde leichter und schneller wertvolle Erfahrungen sammeln, die wiederum dem Leistungsstand des Nachsuchengespannes förderlich waren. Dann war es der Einsatz von Funkgeräten – die CB-Handgeräte –, anfangs nur mit einer geringen Reichweite versehen. Immerhin waren diese Geräte eine Hilfe, um die Verbindung zwischen Hundeführer und begleitenden Helfern aufrechtzuerhalten. Später kam, vor allem in größeren Forstbetrieben, die Funkwelle Forst im 4-m-Band UKW hinzu. Jetzt ist es der Richtfunk, dessen Einsatz dem Schweißhundführer, besonders in kritischen Situationen, sehr hilfreich sein kann.

Wie bereits geschildert, kommt es immer wieder vor, daß der zur Hetze geschnallte Hund außer Hörweite gerät. Dann beginnt für den Führer und seine Begleiter die Zeit des Bangens um den vierläufigen Jagdhelfer. Ist er geschlagen oder geforkelt worden? Hat er vom Wild abgelassen und versucht, erschöpft und müde, auf bequemen Wegen zum Ausgangspunkt der Hetze zurückzufinden und ist dabei beim Benutzen oder Überqueren einer stark befahrenen Straße angefahren worden? Wohl jeder ältere Hundeführer kennt solche Stunden, Tage, Nächte und Wochen der Ungewißheit und Sorge um den vermißten, treuen Jagdgefährten. So habe ich einmal 129 Tage um das Schicksal meines Hundes bangen müssen. Es war noch in der Zeit, als Mauer und Stacheldraht Deutsche von Deutschen trennten. Mit einem zweiten Hund am langen Riemen die Hetze auszuarbeiten, kann zumindest einen Teil der quälenden Fragen klären. Häufig besteht die Möglichkeit des Nacharbeitens mit einem zweiten Hund aber nicht. Dafür steht heute dem Schweißhundführer die Radiotelemetrie zur Verfügung.

Zur Zeit haben sich zwei Richtfunk-Systeme in der Nachsuchenpraxis als brauchbar erwiesen. Bei beiden Systemen bekommt der Hund eine Halsung mit Sender, Batterie, Ein- und Ausschalter sowie Antenne übergestreift. Diese Halsung wiegt zwischen 160 und 180 Gramm.

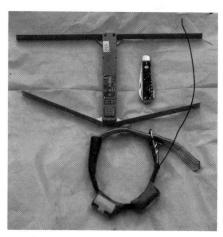

Finnisches Telemetrie-Gerät. Reichweite drei bis fünf Kilometer. Handlicher geht es kaum, zum Größenvergleich daneben ein Jagdmesser. Photo: G. Ludwigs

Richtantenne (deutsches
Gerät)

Der wesentliche Unterschied beider Systeme besteht in der Art und Größe des Empfängergerätes, insbesondere der Richtantenne.

Bei dem einen System – ein finnisches Gerät – kann es in handlicher Form in einer Gürteltasche mitgeführt werden und behindert den Schweißhundführer während der Nachsuche kaum. Mit diesem Gerät kann bereits wenige Minuten nachdem der Hund geschnallt wurde und der Hörkontakt abgebrochen ist gepeilt werden. Der Kontakt mit dem hetzenden Hund kann somit meist schnell wiederhergestellt werden. Dennoch kann der Kontakt bei längeren Hetzen leicht abbrechen. Deshalb empfiehlt es sich, auch bei Benutzung dieses Gerätes zwei Handfunkgeräte mitzuführen. Dann kann der Hundeführer ständig die Begleiter mit ihren Autos nachziehen und gewinnt so größtmögliche Mobilität. Diese „Am-Mann-Geräte" sind allerdings in ihrer Reichweite auf drei bis fünf Kilometer begrenzt.

Das zweite System – ein deutsches Gerät – ist nicht am Mann mitzuführen, da das Empfangsgerät zur Zeit noch relativ unhandlich ist und den Schweißhundführer während der Nachsuche zu stark behindern würde. Es muß daher bei einem Begleiter zurückbleiben. Dafür liegt aber die Reichweite bei acht bis zehn Kilometern. Bei Benutzung dieser Apparatur kann auf Handfunkgeräte zum Verbindunghalten mit begleitenden Helfern nicht verzichtet werden.

Für welches der beiden zur Zeit in der Nachsuchenpraxis benutzten Systeme sich der Hundeführer entscheidet, wird weitgehend von dem Umfeld seines Einsatzbereiches abhängen. Wahrscheinlich wird im kupierten, bergigen Gelände das leistungsstärkere Gerät angebrachter sein. Ohnehin ist der Einsatz der Radiotelemetrie im Bergland recht problematisch. Funksignale des Senders werden im Bergland durch Kuppen und Höhen, die zwischen Sender (Hund) und

Empfänger (Führer) liegen, erheblich abgelenkt, und Berghänge reflektieren auftreffende Funksignale, so daß sie vom Empfänger aus unterschiedlichsten Richtungen empfangen werden. Somit kann der tatsächliche Standort des Senders (Hund) oftmals nicht sicher angepeilt werden.

Mit dem Richtfunk bereits erfahrene Schweißhundführer fahren deshalb bei solcherart Schwierigkeiten oder bei Unterbrechung des Funkkontaktes sogleich Höhenwege ab, um von erhöhten Punkten sicherere Peilungen vornehmen zu können. In ebenen Revieren werden Peilungen oft schon von einem Hochsitz aus erfolgreicher und sicherer sein als vom Boden.

Aus Berichten von Schweißhundführern, die die Radiotelemetrie benutzten, geht hervor, daß sehr viele von ihnen ohne dies Gerät nicht mehr arbeiten möchten. So konnte in einem Fall ein schwer geschlagener Hund mit Hilfe des Richtfunkes in kürzester Zeit gefunden und sofort tierärztlich versorgt werden. Ohne dies technische Hilfsmittel wäre er bei späterem Auffinden sehr wahrscheinlich bereits verendet gewesen.

Grundsätzlich sollten sich Schweißhundführer, die mit Richtfunk arbeiten wollen, vor den ersten Einsätzen eingehend mit der Funktion der Apparatur vertraut machen und nicht erst wenn der Ernstfall eingetreten ist. Dann könnte bei der in kritischen Situationen hinzukommenden, verständlichen Erregung des Führers auch das mitgeführte Telemetrie-Gerät keine Hilfe sein, den Kontakt mit dem Hund herzustellen, um ihm eventuelle Hilfe leisten zu können.

Man kann nicht alle Möglichkeiten aufzählen, die bei einer Nachsuche und besonders bei einer Hetze auftreten können. ,,Das Jägerleben ist . . . alle Tage neu" heißt es in einem Lied von Laube; alle Tage neu ist auch die Nachsuche. Jede Suche ist wieder anders und auf jeder ereignet sich etwas Unvorhergesehenes – darin liegt ja der ungeheure Reiz! Immer wieder stellen die wechselnden Situationen neue Anforderungen an Hund und Führer, besonders aber an den Führer. Mensch und Hund können irren, aber der Mensch irrt häufiger und macht das, was der gute Hund richtig machen wollte, falsch. Trotz aller Erfahrung, aller Passion wird es wohl jedem Schweißhundführer einmal passieren, daß er den richtig arbeitenden Hund unmittelbar vor dem verendeten Hirsch oder der verendeten Sau abträgt! Und später wird das verluderte Stück gefunden! Mancher wird denken, das ist ganz unmöglich, das könnte mir nicht passieren, aber die rauhe Praxis wird ihn eines anderen belehren, und am Schluß unserer Laufbahn, auch der jägerischen, erkennen wir doch immer nur, daß wir Stümper sind und daß allzuoft das Unzulängliche Ereignis wird!

Solche Rückschläge muß der Schweißhundführer überwinden. Denn wie hoch schlägt das Herz vor Begeisterung, wenn nach schwierigster Arbeit der Hirsch zur Strecke ist, wenn der Schütze, der die letzte Nacht kein Auge zugetan hat vor Aufregung und der seinen Hirsch schon aufgegeben hatte, sich nicht zu lassen weiß vor Freude und Dankbarkeit! Dann erfüllen den gerechten Schweißhundführer vollste Genugtuung und höchste Befriedigung, denn seine und seines Hundes Arbeit ist das Ergebnis höchster Leistung und bedeutet höchste Waidmannsfreude!

Die Rehwildnachsuche

Obwohl der Führer eines Hannoverschen Schweißhundes nur in besonders gelagerten Fällen Rehwildnachsuchen durchführen wird, ist es dennoch sinnvoll, sich mit Eigenarten und Besonderheiten dieser Wildart vertraut zu machen. Einmal, um bei der Einarbeitung eines Junghundes keine gravierenden Fehler zu begehen; zum anderen, um den Anforderungen einer durchaus nicht immer leichten Rehwildnachsuche gerecht zu werden.

Im Abschnitt „Aufgaben des Hannoverschen Schweißhundes" wird darauf hingewiesen, keinesfalls mit jungen, unerfahrenen Hunden krankes Rehwild nachzusuchen; dagegen können mit älteren, auf der Wundfährte bereits erfahrenen Hunden auch Rehwildnachsuchen ohne nachteilige Folgen für den Hund ausgeführt werden. Der eingeschränkte Verzicht der Rehwildnachsuche mit Hannoverschen Schweißhunden beruhte lange Zeit nur auf überlieferten Beobachtungen und Erfahrungen der alten Leithundführer, die glaubten, daß Rehwildfährten einen besonders starken Reiz auf die Hundenase ausüben und dadurch der Leithund zum Changieren von seiner Ansatzfährte auf die Rehwildfährte verleitet wird. Nur alte „verdorbene" Leithunde wurden deshalb auf Rehfährten angesetzt. Diese Einschränkung der Arbeit auf Rehwildfährten ist nach wie vor durchaus berechtigt. Denn heute ist uns bekannt: Von allen heimischen Schalenwildarten hat das Reh zur stärkeren Fährtenmarkierung an seinen Läufen die meisten und ausgeprägtesten Duftdrüsenorgane. Bei Bock und Ricke finden wir diese Duftdrüsen an drei Stellen der Läufe: An der Außenseite der Hinterläufe kurz unter dem Sprunggelenk sind die „Laufbürsten" durch ein auffallend dunkler gefärbtes, dichtes Haarfeld, unter dem die Duftdrüsen liegen, weithin deutlich zu erkennen. Beim Spreizen der Hinterlaufschalen erkennt man vorn etwa zwei Zentimeter über dem oberen Schalenrand einen dunklen, verklebten Haarfleck, unter dem das „Zwischenklauensäckchen" liegt. Ein weiteres Duftdrüsenorgan enthält die Haut zwischen den Schalen und unterhalb des Geäfters an allen vier Läufen – die „Zehenhaut". Es wird angenommen, daß dieses Duftdrüsenorgan am intensivsten zur Markierung der Fährte beiträgt.

Die „Zehenhaut" als Duftdrüsenorgan ist bisher bei keiner anderen heimischen Schalenwildart nachgewiesen worden. Das „Zwischenklauensäckchen" finden wir beim Muffelwild an allen vier Läufen, beim Damwild nur an den Hinterläufen, und beim Rotwild ist es lediglich ganz schwach an den Hinterläufen ausgebildet. Die „Laufbürsten" hat außerdem nur das Rotwild. Sie sind, wie beim Rehwild, an den Hinterläufen durch ein dunkles, dichtes Haarfeld gut erkennbar.

Nachsuchen beim Reh – unserer körperlich schwächsten Schalenwildart – sind bei der modernen, gut wirkenden Büchsenmunition relativ seltener als beim Rotwild oder gar beim harten Schwarzwild. Bei einem Treffer auf den Rumpf des Rehes bricht es meist im Feuer bzw. nach wenigen Fluchten verendet zusammen oder versucht die nächste Deckung zu erreichen, um dort recht bald ins

Wundbett zu gehen. Letzteres geschieht nicht nur bei tödlichen Schüssen, sondern auch bei Lauf- oder Krell- und selbst bei Wildpretschüssen.

In der Regel ist Rehwild sehr standorttreu. Sein durch Duftmarkierungen eng begrenztes Territorium verläßt es auch bei Nachsuchen ungern. Lange Riemenarbeiten wie beim Rot- oder gar beim Schwarzwild zählen daher zu den Ausnahmen. Selbst Rehwildhetzen bewegen sich nicht selten in einem Bogen wieder zum Einstand zurück. Gleichwohl dürfen Rehwildnachsuchen keineswegs leichtgenommen werden. Der kleinere, leichte Körper scheidet weniger Krank- und Wundwitterung aus, und die Bodenverwundung beim Ziehen ist weit geringer als bei stärkeren Wildarten. Dadurch ist nicht nur für den Hund die Arbeit erschwert, auch der Führer kann auf einer wenig Schweiß aufweisenden Wundfährte die Arbeit seines vierläufigen Jagdhelfers schlecht kontrollieren. Hat zusätzlich Regen die schwache Wundfährte verwaschen, können an Hund und Führer bei gleichen Bedingungen mitunter höhere Anforderungen gestellt werden als bei Rot- oder Schwarzwildnachsuchen.

Im praktischen Jagdbetrieb ist erwiesen: „Sünden rund um die Schweißarbeit" sind relativ häufiger beim Rehwildjäger als beim Hochwildjäger zu finden, insbesondere betrifft dies die Verhaltensregeln vor und nach dem Schuß. Deshalb sollte der Schweißhundführer, der zu einer Rehwildnachsuche gerufen wird, sich von vornherein darauf einstellen, daß mit großer Wahrscheinlichkeit die bevorstehende Arbeit durch einen Verstoß gegen diese Regeln erschwert wurde: Aus Neugier oder ungezügelter Passion wurde viel zu früh zum Anschuß gegangen, und das kranke Reh wurde in der nahe des Anschusses gelegenen Deckung aus dem Wundbett aufgemüdet. Bei hohen Vorderlaufschüssen, deren Wundfährte anfangs häufig viel Schweiß aufweist, ist es beinahe die Regel, daß der gut sichtbaren Schweißfährte gefolgt wird, bis der Schweiß aufhört oder das kranke Reh aus dem Wundbett flüchtig wird. Hat der Schütze bei der Folge einen Hund dabei, so wird dieser sofort an dem durch Wundfieber und Schweißverlust noch nicht hinreichend geschwächten Reh geschnallt. Leicht kann dieses Fehlverhalten mit einer Fehlhetze enden. Im allgemeinen sind Rehwildhetzen nicht lang. Ein krankes Reh stellt sich einem stärkeren Hund schlecht. Der kräftige Hannoversche Schweißhund zieht es deshalb kurzerhand nieder. Das ist mit ein Grund, weshalb ein junger, unerfahrener Schweißhund kein angeschweißtes Rehwild nachsuchen sollte, denn ganz üble Folgen könnte es für den unerfahrenen Hund haben, wenn er bei einer

Hautduftorgane des Rehbocks. LB Laufbüchse, P Pinseldrüsen (Vorhaut), S Stirnorgan, ZH Zehenhautdrüsen, ZS Zwischenklauensäckchen (R. R. Hofmann, aus Raesfeld, Das Rehwild)

folgenden Nachsuche versuchen würde, auch krankes, wehrhaftes Wild nieder-zuziehen.

In der jagdlichen Praxis ist es bei Rehwildnachsuchen oft doch so, daß der „sichere Totverbeller" bzw. „Verweiser" sehr früh zur freien Suche geschnallt wird. Meist dort, wo dichter Bewuchs wie Dornen oder Brombeergerank die Folge am langen Riemen für den Hundeführer beschwerlich werden lassen. Bei dieser freien Suche kann der Hund leicht auf gesundes Wild stoßen, das dann lauthals gehetzt wird. Damit ist in vielen Fällen, insbesondere bei wenig verant-wortungsbewußten Jägern, die Nachsuche beendet. Der „scharfe Hetzer" hat das kranke Reh nicht stellen können, es kann daher nur eine leichte Verletzung haben und ist nicht zur Strecke zu bringen.

Dennoch kann auch bei diesen angeführten oder unter ähnlich erschwerten Bedingungen durchzuführenden Rehwildnachsuchen eine präzise, bis zur letz-ten Konsequenz durchgeführte Riemenarbeit mit dem gerecht geführten Schweißhund durchaus zum Erfolg führen.

Bestätigen und Lancieren

Der Hannoversche Schweißhund ist nicht nur der Spezialist, der allein für die Arbeit *nach* dem Schuß als Helfer in der Not eingesetzt wird, sondern, zweckmä-ßig und sinnvoll eingesetzt, kann er uns auch *vor* dem Schuß im täglichen Jagdbetrieb wertvolle Hilfe leisten. Leider finden wir in der gesamten modernen jagdlichen Literatur keinen Hinweis mehr über diese Einsatzmöglichkeiten unse-res roten Hundes. Ausschließlich wird er als der Hund nach dem Schuß hingestellt, die Arbeitsmöglichkeiten vor dem Schuß, die bei seinem Ahn, dem Leithund, überhaupt die einzige Aufgabe war, nämlich das „Bestätigen" gesun-den Wildes – nicht jedoch das „Lancieren" – finden keine Erwähnung. Dabei kann das Bestätigen des Wildes mit Hilfe des Schweißhundes dem Jäger zu vielen jagdlichen Freuden und Erfolgen verhelfen. Insbesondere für Berufsjäger und Forstbeamte bedeutet das Bestätigen, richtig durchgeführt, eine große jagdliche Hilfe.

Habe ich ein bestimmtes Stück Wild – z. B. einen Hirsch –, der geschossen werden soll oder den ich noch genauer ansprechen will, beobachtet und ich weiß nicht, welchen Tageseinstand er angenommen hat, so stelle ich mit dem Hund nach angemessener Zeit auf der kalten Fährte fest, wohin der Hirsch gezogen ist. Vor der Dickung, in der ich den Tageseinstand vermute, trage ich den Hund ab. Erlaubt es die Zeit und will ich ganz sicher gehen, lasse ich den Hund um die Dickung vorhinsuchen. Zeigt mir der Hund keinen Auswechsel, so weiß ich, mit großer Wahrscheinlichkeit steht der Hirsch in der Dickung. Abends setzt sich der Schütze mit günstigem Wind an die Dickung. So sind die Chancen, zu Schuß zu kommen, weit größer, als wenn der Ansitz lediglich auf Grund von Annahmen und Vermutungen irgendwo erfolgt. Auch Forstbeamte und Berufsjäger stehen in unserer hektischen Zeit unter Zeitnot. Der Zeitaufwand, der zum Bestätigen eines bestimmten Wildes mit Hilfe des Hundes erforderlich ist, wird normalerweise weit geringer sein als die Zeit, die für viele vergebliche Ansitze aufgewendet werden muß.

Finden wir während eines Revierganges auf Wegen oder Schneisen die Fährte eines stärkeren Hirsches oder einer groben Sau, so wird jeder passionierte Jäger gern erfahren wollen, wohin das Stück gezogen ist und wo es seinen Einstand genommen hat. „Hirschmann" hilft uns, die Einstände zu bestätigen, und mit seiner Hilfe lernen wir Wechsel und Gewohnheiten des Wildes in unserm Revier schnell und gründlich kennen. Darüber hinaus erzielen wir bei allen diesen Bestätigungsarbeiten den zusätzlichen Effekt, daß unserem Hund stets vortreffliche Übungsarbeiten auf der kalten Gesundfährte geboten werden.

Früher hatte für das Bestätigen, insbesondere für das Bestätigen von Hirschen, der auf den Widersprung eingearbeitete Hund eine besondere Bedeutung. Hier sei das Einarbeiten des Widersprunges nur erwähnt, damit es nicht vollkommen in Vergessenheit gerät. Hatte bei der Vorhinsuche der Hund seinem Führer eine Hirschfährte verwiesen, so gab dieser ihm etwas Riemen und unter dem Zuspruch: „Danach, mein Hund!" ließ er den Hund am straffen Riemen etwa fünf bis acht Schritt die Fährte arbeiten, um ihn dann unter dem Zuspruch: „Wende dich, Rückfährte!" im ganz kurzen Bogen am Riemen umzuwenden und dieselbe Strecke zurückarbeiten zu lassen. Unter dem Zuspruch: „Wende dich zur Fährte, mein Hund!" wurde er abermals zur Hinfährte gewendet und nun wurde die Fährte ausgearbeitet. Für die Folge mußte der Hund bei jeder Hirschfährte den Widersprung machen. Einen Hund auf den Widersprung einzuarbeiten, setzt einen absolut fährtensicheren Führer voraus, und es ist auch nur in Revieren möglich, wo man sicher fährten kann. Da diese Voraussetzungen nicht überall gegeben sind und auch der Zeitaufwand für die Einarbeitung in keinem Verhältnis zur praktischen Nutzanwendung steht, ist der Widersprung heute beinahe schon in Vergessenheit geraten und wird auch von keinem Schweißhundführer mehr geübt.

Das Lancieren des edlen Hirsches war für die Alten die Krone der gesamten Jagd. Der Leithund wurde nicht zum Lancieren verwandt. Beim Lancieren muß der Hund lange auf frischer warmer Fährte arbeiten, was jüngeren Hunden nicht zuträglich ist. Sie werden leicht heftig, nehmen die Nase hoch und werden so für kalte Fährtenarbeit verdorben. Auch die Alten hatten diese Gefahren für ihren Leithund erkannt, und vielfach wurden, wie schon gesagt, besondere Lancierhunde gehalten, die auf die warmen Fährten angesetzt wurden, nachdem der Leithund den Hirsch bestätigt und bis an ihn herangearbeitet hatte. Auch heute könnte mit dem Schweißhund durchaus lanciert werden. Dann aber aus den bereits angeführten Gründen mit nur älteren, erfahrenen Hunden. Wurde der Hirsch, der lanciert werden soll, bestätigt, dann wird der Jäger, der den Hirsch erlegen soll, am Hauptwechsel vorgestellt. Mit „Hirschmann", der wieder zur Fährte gelegt wurde, wird so lange nachgehangen, bis der Hirsch die Dickung verläßt. Da der Hirsch vor dem ihm langsam mit dem Hunde folgenden Jäger meistens vertraut zieht, wird er fast immer den bekannten Wechsel halten. Der vorgestellte Schütze muß selbstverständlich guten Wind haben und absolut ruhig stehen. Es kommt auch vor, daß der Hirsch einen anderen Wechsel annimmt. Alsdann muß der Schütze weiter vorgreifen, und der Schweißhund arbeitet den Hirsch dann weiter. Genaue Kenntnis des Reviers, der Wechsel und der Eigenheiten des Wildes sind neben einem vollkommen sicheren und sehr erfahrenen Hund Voraussetzung für das Gelingen.

Sehr gut lassen sich starke Keiler, sogenannte Einzelgänger, lancieren. Sauen kommen aber fast immer auf dem Einwechsel, meist vertraut ziehend, kurz vor dem Hund, daher muß bei Sauen stets der Einwechsel vom Schützen besetzt werden. Bevor Hirsch und auch Sau vor dem Hund die Dickung verlassen, ziehen sie aber meist in der ganzen Dickung umher und versuchen durch Haken und Widergänge den Nachfolger loszuwerden. Da nun häufig noch anderes Wild in der Dickung steht, können Hund und Führer beim Lancieren wirklich zeigen, was sie können. Die bei einem Mißlingen des Lancierens für das Wild verursachte Störung wird meist nicht sehr übel genommen, da das Wild nicht den Eindruck bekommt, daß es getrieben wird. Da sorgfältige Vorbereitung, genaue Revier- und Fährtenkenntnisse des Führers und vor allem ein hervorragender Hund Voraussetzungen für das Lancieren sind und immer auch für den erfahrenen Hund die Gefahr besteht, daß das Arbeiten auf der warmen Fährte nachteilige Folgen für ihn haben kann, wird das Lancieren heute kaum noch angewandt. Obwohl das Lancieren von Wild auch heute noch eine durchaus praktische Bedeutung haben kann, z. B. beim Herauslancieren von Wild aus Kulturgattern, das sonst nur mit viel Aufwand aus den Gattern zu bekommen ist.

SCHLUSSWORT

Zucht und Führung des Hannoverschen Schweißhundes stehen zur Zeit auf hoher Stufe. Entsprechend groß ist sein Verbreitungsgebiet, das, soweit es die Bundesrepublik Deutschland betrifft, bereits in einigen Hochwildgebieten in der Population das Optimum erreicht hat. Denn jeder Schweißhund muß arbeiten, immer wieder in der rauhen Praxis Erfahrungen erwerben, um so besser, um so zuverlässiger werden seine Leistungen. Bei der Seltenheit von Anschüssen benötigt jeder Schweißhund ein größeres Gebiet, in dem er sich auswirken kann. Das Kraftfahrzeug vermittelt dem Hundeführer die erforderliche Beweglichkeit zur Überwindung dieses Raumes, es hat überhaupt erst die Voraussetzung für eine erfolgreiche und rationelle Führung unseres roten Hundes geschaffen.

Es trifft zu, daß Nachsuchen, vor allem wenn die Jagd in den Händen eines vorsichtigen Jägers und guten Schützen liegt, seltener geworden sind als zu einer Zeit, in der man Rundkugeln mit Naßbrandpulver verfeuerte. Doch solange gejagt wird, wird es Nachsuchen geben. Die heutigen präzisen Waffen mit ihrer verfeinerten Optik ermöglichen zwar gute Schüsse, verführen aber auch zu

„Alf Lauenberg" am zur Strecke gebrachten Hirsch

unsicheren Schüssen auf weite Entfernung und bei schlechter Sicht, und selbst bei unseren modernen Gewehren mit den „hochgezüchteten" Geschossen bleiben Laufschüsse Laufschüsse und Äserschüsse Äserschüsse! Die Nachsuchen sind schwieriger geworden, und gerade für solche Suchen benötigt man einen guten Hund.

Nicht unerwähnt darf die wirtschaftliche Bedeutung gerechter Schweißhundführung bleiben. In elf Jahren habe ich allein mit einem Schweißhund-Rüden, Alf Lauenberg, 287 Stück Hochwild zur Strecke gebracht. Hierbei handelt es sich nur um schwierige Suchen. Dabei betrug der Anteil des Rotwildes 34 %, des Schwarzwildes 64 %, und der Rest war Dam- und Muffelwild. Bei 57 % aller Nachsuchen war eine Hetze erforderlich. Beinahe bei jeder zweiten Suche haben vorher andere Hunde vergeblich nachgesucht. Diese Zahlen geben einen Hinweis auf den Schwierigkeitsgrad der Nachsuchen.

Rund gerechnet hat dieser Rüde 14 500 kg Wildpret mit dem derzeitigen Wert von 100 000 DM gerettet. Zahlen sagen nicht allzu viel. Vergleiche sind eindrucksvoller. Als Vergleich: Der genannte Betrag entspricht etwa zwei Netto-Jahresgehältern eines Forstbeamten des gehobenen Dienstes!

Aber nicht diese wirtschaftlichen Erwägungen, so bedeutsam sie auch sein mögen, veranlassen uns, einen Schweißhund zu führen, sondern das jägerische Verantwortungsbewußtsein, krankes Wild zu erlösen, die Befriedigung, gewissenhaften Jägern zu helfen, die Begeisterung für Hund und Wild, die Verbundenheit mit dem Waidwerk, das Gefühl für Tradition und altes Brauchtum der Ahnen – lassen uns stolz auf unsere und unseres Hundes Leistung sein und machen uns zu gerechten Führern des Hannoverschen Schweißhundes.

SACHREGISTER

Aalstrich 56
Abdocken 24
Abfangen 24
Abführung 93
Abführungsalter 86
Abführungsfehler 123
Abführungsmethoden 97, 104, 123
Abführungszeit 86
Abgang 55, 120
Ablegen 89, 94, 128
Ablegeübungen 94
Abriegeln 55
Abstammungsnachweis 75
Abstellen 108
Abtei St. Hubertus 12
Abtragen 121
Abwehrstoffe 79, 80
Abziehen 96
Anschneiden 102
Äserschuß 49, 54, 62, 66, 67
Äsungsreste 61
Äsungsteile 65
Alter, staupegefährdetes 79
Altersbestimmung 38
Am-Mann-Geräte 130
An-den-Riemen-Nehmen 91
Anfangsschwierigkeiten 117
Angriffslust 125
Angstwittrung 116
Anhetzen 126
Anlageförderung 87
Anlagen 87
Annehmen 55, 122
Ansatzfährte 97, 132
Anschneiden 103, 106, 107
Anschuß 27, 56, 60, 65, 67, 101, 108, 109, 112
Anschußbruch 42
Aorta 48
Arbeitseifer 114, 123
Arbeitsleistung 76
Arbeitswille 74, 104
Arterie 61

Aufbaustoffe 80
Aufbrechen 102
Aufdocken 24
Aufnahmefähigkeit 87
Aufzucht 79
Augenleiden 77
Augenschutz 23
Ausbildungszeit 101
Ausdauer 105, 124
Ausfluß 79
Auslesebestimmungen 74, 75
Ausrisse 55, 56, 110
Ausrüstung 21
Ausschuß 56, 66, 109, 111, 122
Auswechsel 134

Ballen 29
Bandwurm 82
Bauchhöhle 60
Bayerischer Gebirgs-schweißhund 16, 105, 106
Behaarung 84
Behänge 13
Behängezeit 13
Behang 13
Beißerei 83, 119
Bestätigen 70, 97, 134, 135
Bestätigung 117, 118, 127
Besuchsjäger 13, 14, 30
Besuchsknecht 13, 14
Bett 127
Betten 118
Beutetrieb 90, 100, 102, 104, 125
Bewegungsfreiheit 114
Bissen, letzter 43
Bißwunden 27
Bläschen 61
Blättermagen 65
Blasenbildung 60

Blattschuß 48
Bloodhounds 12, 77
Blutanschluß 74
Bodenbewuchs 102
Bodenfreiheit 111
Bodenverhältnisse 98, 102
Bodenverwundung 133
Bogen 114, 115, 122
Bogenschlagen 120, 121
Bracken 11, 12
Brackenarten 69
Brauchtum 40
Bruchzeichen 40
Brüche 118
Brustbein 66
Brustgeschirr 26, 29
Brustkern 53
Brustkernschuß 49, 65, 127

Changieren 98, 108, 132

Damwild 132
Darmschmarotzer 82
Darmverstopfung 81
Deckakt 76
Decke 67, 115
Docke 26
Döbel 12, 13, 24
Dornengestrüpp 119
Dornfortsatz 46, 49
Dornverhaue 114
Drossel 65
Drückjagd 48, 54
Duftdrüsenorgane 132
Duftmarkierungen 133
Durchhaltewille 70, 74, 104, 123, 124, 126

Eihaut 78
Einarbeitung 86, 87
Einarbeitungsmethoden 16

Eingriffe 55, 56, 104
Einkreuzung 16, 74
Einsatzbereich 129
Einschuß 109, 122
Einschußkanal 115
Einstand 55, 114
Einstiegseite 122
Einwechsel 114, 136
Einzelfährte 96, 99
Einzelgänger 136
Einzeljagd 48, 54
Ektropium 77
Empfangsgerät 130
Entropium 77
Erbgut 74, 99
Erbkrankheit 83
Erblichkeit 75
Erbrechen der Hündin 80
Erfolgserlebnis 126
Ernährung 76
Erscheinungsbild 71
Erstausstattung 21
Erste-Hilfe-Besteck 27
Erziehung 86
Erziehungsfehler 124

Fährte 29, 30, 37
Fährtenarbeit 74, 100
Fährtenbild 29, 56
Fährtenbruch 41, 42
Fährteneingriffe 110
Fährtengewirr 115, 121,
    127, 128
Fährtenhund 103
Fährtenkunde 14, 29
Fährtenmarkierung 132
Fährtentrieb 99
Fährtenwille 70, 90, 96, 100,
    104, 123
Fährtenwittrung 95, 96, 99,
    116, 125
Fährtenzeichen 31, 32
Färben 76
Familienzucht 74
Fangschuß 24, 112, 125
Federn 59
Fehlhetze 28, 92, 94, 128,
    133
Fehlschuß 53, 54, 56, 110
Fehlsuche 20, 76
Feist 60, 67, 110, 115
Fettansatz 76

Fleming 13
Fluchtfährte 61, 103, 104,
    109, 115, 125, 126, 128
Fluchtrichtung 41, 42
Flugbahn 111
Formbeurteilung 75
Freiheitsberaubung 91
Fremdzucht 74
Freßunlust 83
Frischlinge 125
Frischtermin 38
Früherziehung 90
Fuchs 83
Führerspur 92, 128
Führungsmethoden 13
Führungstechnik 14
Fürstenhöfe 14
Fütterungszeit 81
Funkgeräte 129
Funkkontakt 131
Fußbekleidung 21
Futteraufnahme 81
Futterplätze 121
Futterschleppen 90, 93

Gams 106, 107
Geäfter 29, 33, 37
Geäse 62
Gebrech 49, 62
Gebrechschuß 46, 49, 54,
    55, 67, 128
Geburtsablauf 77
Geburtsgewicht 78, 81
Geflügelknochen 81
Gehorsam 106
Gehorsamsübungen 91
Gesichtsfalten 77
Gelenkkugel 66
Gelenkpfanne 66
Genossenmachen 102, 103,
    122
Gesäuge 76, 80
Gescheide, kleines 65
Gescheide 60, 115
Gescheideinhalt 61, 65, 67,
    100
Geschlagenwerden 70
Geschlechtszyklus 75
Geschoßeinschlag 54, 109,
    110, 111
Geschoßfrage 23
Geschoßknall 54

Gesichtsausdruck 71
Gesichtsfalten 11
Gesundfährte 15, 16, 29, 86,
    88, 93, 97, 100, 135
Gewebefasern 110
Gewichtskontrolle 78, 81
Grundfärbung 71
Gürteltasche 130

Haar, geripptes 56, 57
Haarkleid 83
Haarproben 59
Haarsammlung 58
Haarwechsel 98
Hängeseil 13
Härte 70, 71, 74
Haken 55, 66, 70, 114, 120,
    122, 136
Hals an 91, 93
Halsung 24, 26, 91, 93
Handfunkgeräte 130
Hannoversche Jägerhofme-
    thode 88
Hannoverscher Jägerhof 16,
    97
Hasenspuren 95
Haupt 58
Hauptbruch 42
Hauptprüfung 75
Hausgenosse 88
Hautklammergerät 28
Heidekraut 60
Hetze, erste 123, 124
Hetze, Ausarbeitung 128
Hetze, fährtelaute 71, 75
Hetze, sichtlaute 75, 125
Hetze 44, 49, 70, 71, 92,
    100, 103, 104, 122
Hetzfährte 128
Hetzfreudigkeit 12, 15, 70,
    74, 91, 100
Hetzhunde 14
Hetzpassion 123
Hetztrieb 104, 125, 126
Hifthorn 14
Hinfährte 120, 128
Hinterhand 49
Hinterlaufschuß 49
Hirschfährte 99, 135
Hirschfänger 14, 24
Hirschmannschule 97
Hochgebirgsjagd 16, 105

Hochgebirgsverhält-
nisse 106
Hochwild 20
Hochwildjäger 19, 30, 69,
133
Höchstalter 75
Höchstleistungen 69
Hörkontakt 130
Holzarten, gerechte 40
Hornfessel 14, 24
Hubertushunde 12, 13
Hündin 74
Hütteneinstreu 77
Hund, riemenführiger 91, 95
Hund, fährtenreiner 100
Hund, schußfester 94
Hund, fährtenlauter 105,
125
Hunde, sichtlaute 71
Hunde, stummjagende 71
Hundeamme 79
Hundehaus 85
Hundemilch, Ersatz- 79
Hundespur 103

Inbesitznahmebruch 43
Individualwittrung 96, 97,
116
Infektionskrankheit 82
Infektionsschutz 79
Internationaler Schweiß-
hundverband 18, 107
Inzestzucht 74
Inzucht 74

Jäger, hirschgerechter 14,
20, 30
Jägerhöfe 14
Jägerhof in Hannover 16
Jägerhofmethode 86
Jägersprache 40
Jagdgebrauchshund 74
Jagdhorn 24
Jagdhornblasen 40
Jagdmethoden 14
Jagdverstand 124
Junghund 81

Kahlwildfährte 99
Kalbhetze 87

Kalkpräparate 76, 81
Kammer 60
Kammerschüsse 108, 109
Kelten-Bracke 11
Kessel 54, 118, 127
Klagen 48
Knochen 81
Knochenmark 45, 62, 66,
67, 110
Knochensplitter 45, 66, 67,
110
Knoten 70
Körperbau 46
Körperentwicklung 75
Körpermerkmale 71
Körperwittrung 95, 98, 100,
108, 125, 127
Konrad, Andreas 105
Kontakthalten 28
Kontrollmöglichkeiten 99,
117
Kontrollsuche 76, 108
Konzentrationsfähigkeit 12,
70, 96, 122
Kopfhund 126
Kopfschuß 49
Krankwittrung 97, 133
Kreise 115
Kreiseschlagen 120
Krellschuß 46, 48, 49, 133
Kugeleinschlag 110
Kugelschlag 47
Kunstfährte 103

Labmagen 65
Lähmungserschei-
nungen 26
Läufe, typfremde 71
Läufigkeit 75
Lancierarbeit 14
Lancieren 134, 135
Latschenfelder 106
Laufbürsten 132
Laufschuß 45, 60, 66, 109,
125, 133
Lautfreudigkeit 12, 15
Lautgeben 92
Leberschuß 53, 65
Leberschweiß 110
Leistungsberichte 58, 88
Leistungsfähigkeit 70, 75,
122

Leistungsform 71
Leistungsnachweis 70, 75
Leistungsniveau 74
Leistungsstand 73, 129
Leistungszucht 70, 74
Leitbruch 41, 42
Leithund 11, 13, 14, 102,
134, 135
Leithundahnen 99
Leithundarbeit 12, 16
Leithunde, verdorbene 15,
132
Leithundführer 14
Leithundrasse 12
Leithundtyp 91
Leitseil 24
Letzter Bissen 43
Lidentzündung 77
Linienzucht 74
Lob 89, 96
Losung 31
Lungenschweiß 61, 62, 67
Lungensubstanz 61, 110
Lupe 27, 110, 118

Mängel 75
Mahlzeiten 81
Mehltau 67
Mendelsche Gesetze 74
Milchdrüsen 78
Milchfieber 80
Milchschorf 80
Milchtritt 78, 80
Milchzähnchen 80
Milz 65
Mindestalter 75
Müller-Hahnenklee 86
Mündungsverschluß 23
Muffelwild 132
Mutterhündin 88

Nabelschnur 78
Nachhängen 13, 19, 95,
115, 117, 119
Nachsuche 49, 55, 76, 107
Nachsuchenbeginn 109
Nachsuchenbüchse 19, 24
Nachsuchengespann 129
Nachsuchengewehr 23
Nachsuchenmöglich-
keiten 108

Nachsuchenteilnehmer 117
Nackenwind 90, 96, 101,
  114
Nadelstreu 60
Nahrungstrieb 102
Nase, feine 73, 74
Nasenbein 67
Nasentraining 91, 97
Niederwild 20
Niederziehen 70
Nierenschuß 53

Oberarmknochen 48
Oberkiefer 67
Oberrücken 29
Ohrenzwang 83
Orientierungshilfe 119
Orientierungsvermögen 92

Pansen 53
Panseninhalt 61, 65
Parforcejagd 11, 14
Passion 19, 70
Peilungen 131
Phänotyp 12
Piperazinpaste 82
Platznehmen 89, 93
Prüfungsbestimmungen 88
Pürschzeichen 20, 27, 44,
  47, 55, 68, 101, 112, 119

Radiotelemetrie 29, 129,
  131
Rädecke 86
Raesfeld, F. v. 47
Rasse, spätreife 87
Rassekennzeichen 12
Rassenentwicklung 11
Rassenfanatismus 20
Rassestandard 71
Rehe 69
Rehfährten 95
Rehwildnachsuche 132, 133
Reichweite 130
Reinzucht 18
Reizwirkung 77, 126
Repetierbüchsen 120
Richtantenne 130
Richtfunk 129, 131
Richtfunksysteme 29, 129,
  130

Ridinger-Stiche 12
Riemen 93
Riemenarbeit 93
Rippen 66
Rißwunden 27
Röhrenknochen 45, 66, 67
Röhrenknochensplitter 46
Rotte 54, 115
Rotwild 132
Rudel 54, 115
Rudelfährte 96, 115
Rüde 74
Ruhestunden 89
Rumpfskelett 46

Säugezeit 81
Schäferprobe 79
Schärfe 70, 71, 74
Schalen 29
Schaumbildung 60
Scheinträchtigkeit 76
Schießjagd 14, 15
Schlachtabfälle 82
Schlafplatz 89
Schlechtwetterausrü-
  stung 22
Schlechtwetterbeklei-
  dung 23
Schleppe 101
Schleppen 90
Schlund 65
Schnalle 75
Schnallen, Zeitpunkt 126
Schnallen 125, 127
Schnauzenstoß 78
Schnee 60
Schneidezahnfront 39, 40
Schnittborsten 59
Schnitthaar 56, 57, 60, 110
Schnitthaarbruch 27, 57, 58,
  59
Schock 125
Schockwirkung 49
Schreckflucht 54, 57
Schreckwittrung 116
Schrittlänge 37
Schrittweite 35
Schützenbruch 43
Schußkanal 60
Schußwirkungen 52
Schußzeichen 20
Schutzimpfung 82

Schwarte 115
Schwartenteile 67
Schwarzwild 37
Schwarzwildnachsuche 27
Schwarzwildsuche 21, 23,
  24
Schwarzwildwittrung 125
Schweiß 60, 61, 110
Schweißarbeit 101
Schweißfäden 65
Schweißfährte 61, 91, 93,
  100, 101
Schweißhundverband-Su-
  chen 106
Schweißklumpen 62
Schweißlache 61, 67
Schweißriemen 24, 26, 115
Schweißspritzer 60, 117
Schweißtropfen, Form 121
Schweißverlust 60, 109, 133
Schweißwittrung 90, 107,
  116
Segugio 11
Segusierhund 11
Seitenwind 90, 101
Selbständigkeit 91, 92, 103,
  106, 123
Selbstbeherrschung 19, 20,
  106
Selbstbewußtsein 91, 92,
  104, 124
Selektion 12
Senderhalsung 29
Setzdatum 38
Setzen 89
Sommerdecke 58
Sommerhaar 56
Sommerschwarte 59
Sonneneinwirkung 60
Spätreife 86, 87
Spaniel 77
Spielzeug 89
Spulwurmbefall 82
Standard 72
Standlaut 112, 125
Staupe 82
Stehzeit 69, 102
Stellen 55, 124
Strafe 89
Straßen 121
Streifschuß 53, 56, 67, 111
Stubenhund 84
Stubenreinheit 89

Suchenbeginn 108
Suchenteilnehmer 119
Suchpassion 90
Sünden rund um die
   Schweißarbeit 133

Tageseinstand 134
Tauschlag 32
Teller 47
Tirolerbracke 16
Tollwutschutzimpfung 83
Totsuche 44, 122
Totverbellen 103, 106, 107
Totverbeller 134
Totverweisen 103, 106, 107
Trächtigkeit 76
Träger 47
Trägerschuß 53, 65
Tritt 29, 37, 66
Trittsiegel 29, 30
Tuch, weißes 27, 118
Tupffährte 101, 102

Überläufer 125
Übungsarbeiten 101, 135
Übungsschweißfährte 106
Übungssuchen 103
Umwelteinflüsse 83
Unerschrockenheit 71
Unfallgefahr 119
Unterkieferknochen 66
Unterwolle 59

Vene 61
Verblasen 24, 122
Verbrechen der Fährte 119
Verbreitungsgebiet 16, 18
Verein Hirschmann 18
Verein Nimrod 18
Verein zur Veredelung der
   Hunderassen 18
Verfärben 13
Verfärbezeit 98
Verhalten nach dem
   Schuß 112
Verhaltensänderungen 117
Verhoffen 48
Verleitungen 69, 70, 117
Verleitungsfährten 96
Verludern 69
Verweisen 98

Verweiser 134
Vigantol 81, 82
Visierlinie 110
Vollmantel 23
Vollmantelgeschoß 112
Vorderlaufschuß 49, 55,
   114, 127, 133
Vorgreifen 115, 121
Vorhinsuche 14, 99, 121
Vorprüfung 75, 88
Vorstellen 55, 108, 118
Vorsuche 95, 96, 97
Vorübung 103, 104

Waidblatt 24, 43
Waidwundschuß 53, 65, 67,
   109
Waidwundschweiß 110
Warnfarben 29
Warnhalsung 28, 114
Wedel 48, 53
Wehen 77
Weißes 67, 110, 115
Welpen 76, 78
Welpenaufzucht 85
Welpenzahl 80
Werfen 77
Wesensart 15, 70, 105
Wesensfestigkeit 71, 73, 74,
   75
Widergang 31, 55, 66, 70,
   102, 114, 120, 122, 136
Widerristhöhe 111
Widersprung 135
Wild, Skelettaufbau 45
Wild, Anatomie 45
Wildbodenhunde 16
Wildpretfetzen 110
Wildpretschuß 53, 61, 133
Wildpretschweiß 61, 62, 65,
   110
Wildpretverletzungen 60
Wildwittrung 91
Windeinwirkung 60
Windfang 67
Windhund 11
Windrichtung 114
Winterdecke 58
Winterhaar 56
Winterschwarte 59
Witterungseinflüsse 60, 61,
   95

Witterungsverhältnisse 98
Wittrung 73, 90
Wittrungsbedingungen 102
Wölfen 76, 77, 78
Wolfsklauen 79
Wundbett 55, 71, 91, 106,
   122, 125, 126, 133
Wundfährte 15, 20, 21, 26,
   44, 55, 60, 65, 66, 86, 100,
   108, 112, 115, 117, 122
Wundfährte, Ausarbeiten
   der 126
Wundfieber 109, 133
Wundkessel 122
Wundwittrung 107, 116,
   125, 133
Wurf 122
Wurfgeschwister 88
Wurfkiste 76, 85
Wurflager 77
Wurfnest 76
Wurmkur 76, 82
Wurzelhaar 56, 57

Zahnbetten 66
Zehenhaut 132
Zeichen, hirschgerechte 14
Zeichnen 47, 48, 54, 112
Zucht 73
Zuchtauswahl 74
Zuchtbasis 18, 74, 75
Zuchtbuch 75
Zuchtsperren 77
Zuchtwart 75
Zuchtzulassung 75
Zufassen 124
Zufutter 80
Zurück 93
Zurückfinden 92
Zurückgreifen 119
Zuruf 99, 101
Zuspruch 96, 99, 114, 115,
   135
Zwang 91, 100
Zweckform 71
Zwinger 76
Zwingerbau 84
Zwingerbuch 79
Zwingerlage 77
Zwischenklauensäck-
   chen 132
Zwischenwirte 82

143

BILD FÜR BILD
UND SCHRITT FÜR SCHRITT
VOM WELPEN ZUM
BRAUCHBAREN JAGDHUND

Man merkt es diesem Buch an: Hier ist nicht nur ein erfahrener Hundeausbilder am Werk, sondern auch ein Profifotograf, dem es sehr eindrucksvoll gelungen ist, alle wichtigen Ausbildungsphasen in aussagefähige Bildsequenzen umzusetzen. Die mehr als 300 farbigen Abbildungen ergeben zusammen mit den knappen, fachlich fundierten Texten eine »runde Sache«, die in der kynologischen Fachliteratur ihresgleichen sucht. Die Hauptthemen: 1. Der Welpe und seine Ausbildung; 2. Die Förderung jagdlicher Anlagen in der Prägungsphase, Heranführen an spätere Aufgaben; 3. Die Grundausbildung sowie die Spezialausbildung am Wasser, im Wald und im Feld; 4. Vorbereitung auf alle Prüfungen und Leistungsabzeichen: Brauchbarkeitsprüfung, Jugendsuche, Verbands-Herbstzuchtprüfung (HZP), Verbandsgebrauchsprüfung (VGP), Verbands-Schweißprüfung (VSwP), Bringtreue (Btr), Verlorenbringen (Vbr), Haltabzeichen, Lautjagerstrich, Härtenachweis; 5. Beseitigung von Fehlern; 6. Transport; 7. Ernährung, Unterbringung und Pflege; 8. Zucht. Die Frage »Wie sage ich's dem Hundeführer?« wird in diesem Buch auf didaktisch vorbildliche Weise beantwortet, so daß ihm bald ein Stammplatz auf der Liste empfehlenswerter Bücher für die Hundeausbildung sicher ist. Zu beziehen durch Buchhandlungen und Fachgeschäfte. ★ Hans Jürgen Markmann: **Vom Welpen zum Jagdhelfer.** A bis Z der Früherziehung, Förderung, Ausbildung und Führung von Vorstehhunden. 1990. 199 Seiten mit 303 farbigen Abbildungen. Kartoniert 42,– DM. Verlag Paul Parey · Spitalerstraße 12 · 2000 Hamburg 1